呂思勉　著

# 呂思勉手稿珍本叢刊

## 中國古代史札録

25

四裔（北）二

上海古籍出版社

# 第二十五册目録

四裔（北）二

# 四裔（北）二

今之烏梁海，明史作兀良哈，元秘史作兀良孩。西人謂其容貌近突厥，蓋亦丁
令族。據秘史，其牧地在不而罕山上（今車臣土謝圖兩新界）之布爾罕哈勒那都嶺。元時居今札河洮
罟二道境，其地為大寧路，屬遼陽行省。明初大寧路來降，即其地置泰寧、朵顏
福餘三衛，隸北平行都司。寧王權居大寧（今熱河道隆化縣境），以節制之。成祖起兵，執
寧王，即位後以北平行都司為大寧都司，徙治保定，大寧遂入兀良哈[redacted]
[redacted]衰，既強兀良哈復居之。清平衛拉特，其部乃自立，居於唐努山，謂
之唐努烏梁海。設佐領四十八，分隸定邊左副將軍、哲卜尊丹巴呼圖克圖及
札薩克圖、三音諾顏兩部。其從牧阿爾泰山者，則屬科布多大臣。雅巴時唐努
烏梁海之地，嘗與俄分立界碑。同治八年，又派員立界牌八處。綫二年，俄人
忽將科布多雅勒譚布界牌撤毀。[redacted]外務部與之交涉，俄人謂同治八年所立界碑
未為妥協，唐努烏梁海界限模糊，可作為未定之界，交涉未了。外蒙叛[redacted]後，俄遂

無從過問。民國初年以來，問外蒙之事。迨〇年中俄蒙協約成立，俄人函認外蒙為中國領土，唐努烏梁海當然亦在其內。乃俄人於五年後强占烏梁海之地，給其頭目以印信，使歸俄轄，將該處華商盡行驅逐，沒收財產。政府擬設佐理專員於此，俄人揚言將以兵力拒之，遂不果。俄國革命，僑寓烏梁海之俄人，時以黨派互爭，華商及外蒙請政府保護。政府乃以嚴式毅為佐理專員，偕外蒙派委多員往。俄人譚諸遂殺嚴式毅護兵三人。當年政府電飭新疆督軍楊增新，謂准蒙古宣慰使函稱：庫倫再隱唐努烏梁海於俄，俟乃外蒙遣使赴俄私訂條約，求將唐努烏梁海劃歸外蒙。俄人認唐努烏梁海已為獨立之國，歸俄保護云云。究竟唐努烏梁海情形如何，希查明見復。新督復電，謂唐努烏梁海久為俄人占據，非我有云。政府方困於內憂，不遑問邊事，即國人亦罕留意於此。故唐努烏梁海之情形，至今尚屬茫昧也。

100

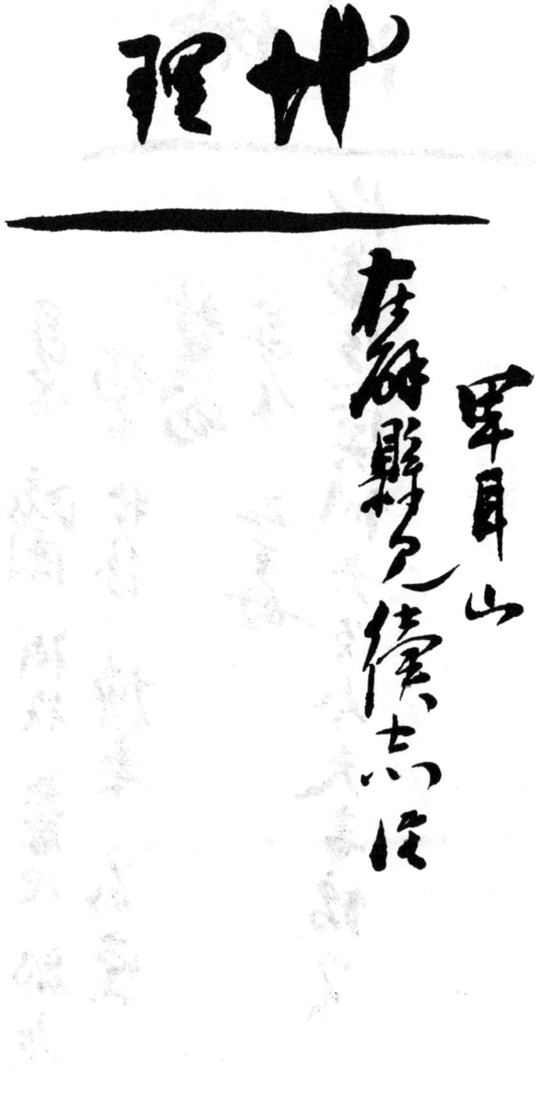

# 地理

昆侖 縣圃 砥柱 蒙汜 都廣 弱水 風穴

碣石 [illegible] 榑桑 若木

冀州

昆侖 [illegible]海

以南冥[illegible]凡六頁今夫壽館以下

即弟

地理

獨鹿印阿展

從南里之道祖孫六三歷一月生霙

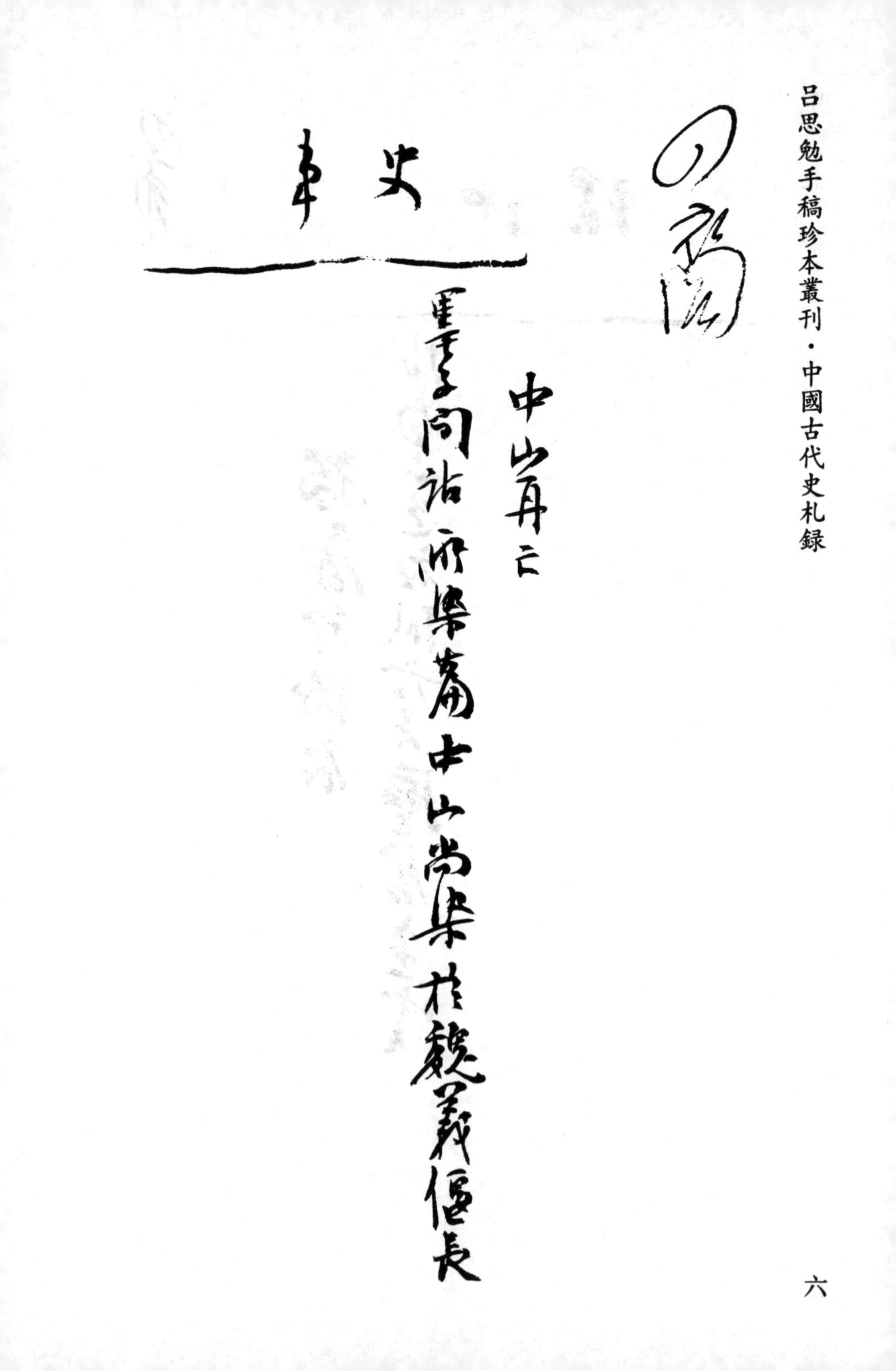

[illegible]

中山卅二

墨子閒詁所舉齊中山尚樂於魏義優長

史

年

蒙韃備錄所載太子諸王以畏兀字書國語，此為蒙古人[illegible]
語之始。太宗十二年有脫卜察安，即今元祕史，為蒙古[illegible]
[illegible]語。[illegible]語一。[redacted][illegible]此以蒙語[illegible][redacted]至世祖中統元年，命
西僧八思巴製蒙古新字，至元六年頒行天下。凡璽書頒降，並用[illegible]
以其國字為副。[illegible]內外百司五品以上[illegible]上書章[illegible]亦皆以蒙
古字，而以漢字為副[redacted]。[illegible]奏目及[illegible]府公文並用國字，有[illegible]
則畏吾兒字始替之。[redacted]生[redacted]
[redacted]吾兀字仍不能廢[redacted]後有之[illegible]。[redacted]
蒙古學常與回回學並立。其事始于世祖至元二十六年，英宗初罷

之。至仁宗延祐元年辛修復[redacted]舉。[redacted]

詔制上諭內外百司五品以上進上表章並以蒙古字書，毋敢不敬，仍以漢字書其副。

禁令、訟奏目及官府公文並用國字書，其[redacted]有郡縣用畏兀字者禁之。

蒙古之字係仍云于回紇，此亦可見。稱此種通文字即此回紇人之揣等。知元史塔塔統阿。畏兀人也。性聰慧。善言論。深通本國文字。乃蠻大敭可汗尊之為傅。掌其金印及錢穀。太祖西征。乃蠻國亡。塔塔統阿懷印逃去。俄就擒。帝詰之曰。大敭人民疆土悉歸于我矣。汝懷印將何之。對曰。臣職也。將以死守。欲求故主授之耳。安敢有他。帝曰。忠孝人也。問是印何用。對曰。出納錢穀。委任人材。一切事皆用之。以為信驗耳。帝善之。命居左右。是後凡有制旨。始用印章。仍命掌之。帝曰。汝深知本國文字乎。塔塔統阿悉以所蘊

# 文字

喇嘛教之入中國，元史但記其始於八思巴。至元癸丑年十有五，謁世祖於潛邸，與語大悅，日見親禮。中統元年，尊為國師，命制蒙古新字。[redacted]成，升號大寶法王。至元十一年，請告西歸，留之不可，乃以其弟[redacted]亦憐真嗣。亦憐真以後嗣為國師者，代有其人。元史云：世祖以西域以其地廣而險遠，民獷而好鬬，思有以因其俗而柔其人，於是設宣政院，使位居第二者必以僧為之，出帝師所辟舉，而[redacted]總其政於內外者，帥臣以下亦必僧俗並用，而軍民通攝。於是帝師之命與詔敕並行於西土。雖帝后妃主皆因受戒而為之膜拜。正衙朝會，百官班列，而帝師亦或專席於坐隅。[redacted]其未至而迎之，則中書大臣馳驛累百騎以往，所過供億送迎。比至京師，則敕大府假法駕半仗，以為前導，詔省院臺官以及百司庶府並服銀鼠質孫，用每歲二月八日迎佛威儀往迓，且命禮部尚書郎中專督迎接。其卒而歸葬，又命百官出郭祭餞。雖其[redacted]兄弟子姓之往來，有司亦供億無乏。至其徒佩金字圓符，絡繹道途，馳騎累百，傳舍至不能容，則假館民舍，因迫逐男子，奸污女婦，驛戶無所控訴[illegible]害人

得罷何　其徒恬於忘時日新月盛，氣燄熏灼，延於四方，爲害不可勝言。如楊璉真加世祖用爲江南釋教總統，發掘故宋趙氏諸陵之在錢唐、紹興者及其大臣冢墓一〇一所，戕殺平民四人，受人獻美女寶物無算，且攘奪盜取財物，計金一七〇〇兩，銀六八〇〇[redacted]兩，玉帶九，玉器大小一一一，雜寶貝一五二，大珠五〇兩，鈔一一六二〇〇錠，田二三〇〇〇畝，包庇平民不輸賦者二三〇〇〇戶，他所藏匿未露者猶多[redacted]。其投釐經持事者共目尤不一。延祐四年，宣徽使會每歲內廷佛事所供，以斤數者，麵四三九五〇〇〇，油七九〇〇〇，酥二一八七〇，蜜二七三〇〇。至元[redacted]三十年間，齋醮佛事之目僅一〇二，大德七年再立功德使司，積五〇〇有餘。僧徒貪利無已，營結近侍，欺昧奏請，布施莫之限，又不知於法令。又每歲必因好事奏釋輕重囚徒，以為福利，殺人作奸，倚得幸免。至武宗命宣勅以西番僧任其人，至大時宣政院臣奏凡民毆西僧者截其手，詈之者斷其舌，時仁宗居東宮，聞之，亟奏寢其令。

# 文字

女直本無文字。本紀所記生女直之俗，至昭祖時稍用條教，民頗聽從，尚未有文字，無官府，不知歲月晦朔，是[redacted]以……則婚[redacted]

完顏希尹之傳云：金人初無文字，國勢日強，與鄰國交好，乃用契丹字。太祖命希尹撰本國字，備制度。希尹乃依倣漢人楷字，因契丹字制度，合本國語，製[redacted]女直字。天輔三年八月，字書成。太祖大悅，命頒行之。其後熙宗亦製女直字，與希尹所製字俱行。希尹所撰謂之女直大字，熙宗所撰謂之小字。[redacted]

金史本

希尹所製[redacted]熙宗天眷元年正月頒女直小字，則熙宗所製者。太祖天輔三年八月頒女直字。善……又宗……

雄傳：從上獵，……中流矢，託疾……臥兩月，因學契丹大小字……女

之[redacted]及與耆議……知古語……契丹、漢字……宗翰、希尹……

直字，未嘗以……亦……用漢文……又章宗紀：明昌二年四月，諭有司：自今女直字直譯為漢字，國史院專寫契丹字者[redacted]十二月，詔罷契丹字。……女直字既行……契丹字尚沿用不廢也。

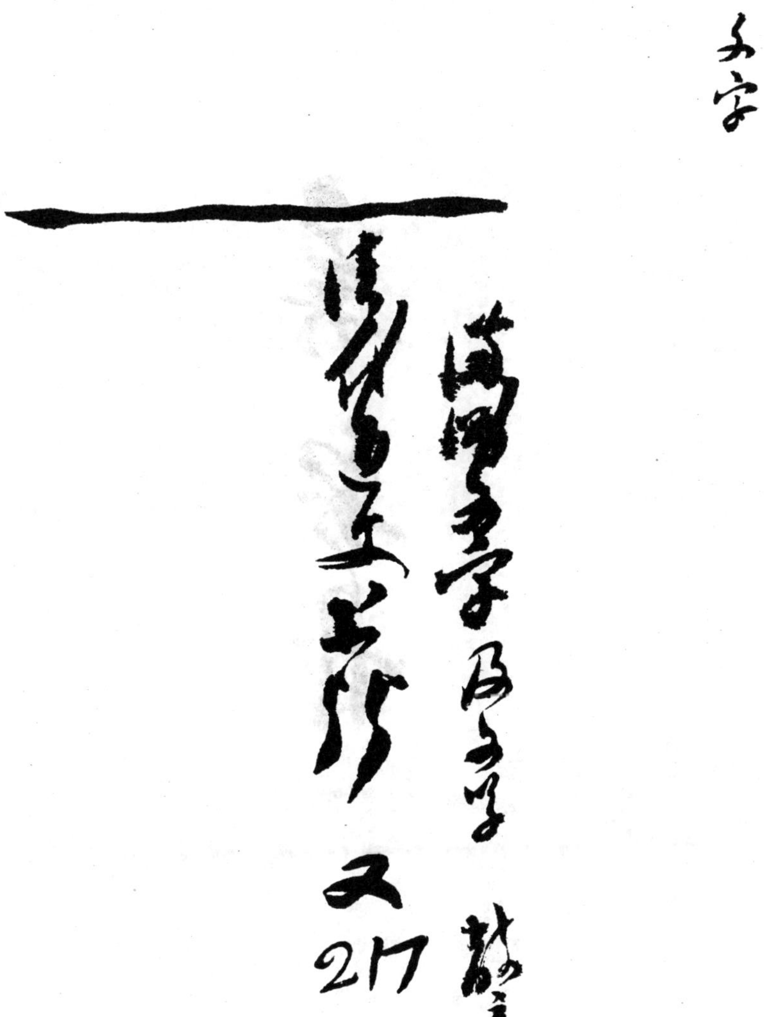

第六節 契丹及北方諸部族

契丹起於北方○所征服之部族極多○其以威懷德遠來通朝貢者亦甚衆○平時○既皆向其貢納○戰時○亦藉其兵力○此契丹之所以盛強也○今先舉遼史屬國表所載諸部族及國名如左○其事蹟之散見于紀傳者○亦附見焉○

吐谷渾 亦作吐渾○太祖親征平之○
穆宗景宗聖宗時皆入貢○

鐵驪 太宗穆宗景宗聖宗時入貢○
男系鐵驪兀惹、皆渤海遺裔○

靺鞨 太祖太宗時入貢○

兀惹 聖宗時入貢○

黑車子室韋 太[redacted]祖討平之。（入貢太宗時）

西奚

東部奚

烏馬山奚 烏馬山。未詳。

斜離底 太祖時入貢。

突厥 神冊元年。太祖親征。平之。又有西突厥。聖宗時嘗来朝貢。

[redacted]五代史云突厥至唐末為諸夷所侵部族散微五代之際嘗来朝貢。然突厥於時最微又来不數案此与遼史所記蓋皆突厥已亡其遺族未改舊稱者也。

党項 神冊元年七月。親征。平之。五[redacted]年八月。諸部叛。復親征。太宗景宗聖宗時皆入貢[redacted]

[redacted]

小蕃 神冊元年破天贊四年征之

沙陀　神冊元年親征平之。壹即沙陀突厥在代北者。

阻卜　太祖太宗屢宗時納入貢。

烏古　九年[redacted]太祖親。討平之。神冊四年。親征。次鼻部。太子延破之。自是興舉部來附。太宗時入貢。又有三河烏古。太宗

穆宗時谷來貢。

裊昆那●

胡母思山蕃　天贊三年破之。

波斯　天贊二年來貢。

大食　天贊三年來貢。

甘州回鶻

新羅

烏孫太宗時入貢。案此非漢時之烏孫。
燉煌太宗時入貢。
借烈太宗時入貢。
要里太宗時入貢。
回鶻天贊三年，獲其都督畢離遏，因遣使諭大王烏母主可汗。四年，遣使貢謝。太宗穆宗聖宗時屢入貢。
轄戛斯太宗穆宗景宗聖宗時入貢。興宗時使往。案當即黠戛斯。
吐蕃案此乃唐吐蕃。蕃之居隴右者。穆宗聖宗時入貢。
黃室韋穆宗時與大黃室韋、小黃室韋傳叛，討平之。其但稱室韋者，太祖為撻馬狘時討破之。
阿薩蘭回鶻景宗聖宗興宗時屢入貢。
于闐聖宗時入貢。

師子入貢。世宗時

此女直女直事見後。

河西党項入貢。聖宗時

南京女直

沙州燉煌

曷蘇館直見後。案此亦女

沙州回鶻

查只底

蒲奴毛朵

蒲奴里入貢。聖宗時

大蕃

高昌

同拔即同羅。亦女直。見紀。

隨里

達里衣

拔思母

敵烈亦作敵烈德。又作迪烈得。太宗穆宗時俗入貢。聖宗時叛，討平之。

粘八葛

梅里急

卽覩刮

鶻骨德太宗穆宗景宗聖宗時皆入貢。

和州回鶻案和州即火州。

轄朗改穆宗時入貢。

高丽

西夏

女直

其名不載于屬國表而事見于遼史本紀者。

越兀太祖爲撻馬狘沙里時代克之。

于厥太祖爲奚离堇時破之。

烏丸初太祖詔撒剌討穆宗時叛。

嗢娘改太祖時進輓車人。

术不姑兵衛志作精陰國。太祖親征降之。太宗時入貢。

于骨里神冊二年敕命室骨討之。衛志府。太祖四年二月署親征之。〇攝兵

達旦即韃靼也。神冊三年來聘。聖宗時入貢。

穫里太宗時入貢。

絍沒里太宗時入貢。

涅剌烏隗太宗時入貢。

奥鋤里骨太宗時入貢。

轄剌骨只太宗時入貢。

轄烈世宗時入貢。

吐魯没　太宗時入貢。

阿萬底　太宗時入貢。

霸里　天贊三年來貢。

伏虜國　太宗會同三年二月烏古使獻其俘。

達魯古　太宗紀東平渤海破達魯古部。聖宗統和十九年達魯骨來貢當即此。

烏昭度　聖宗時入貢。

奧里米　聖宗時入貢。案以下[illegible]部。即所記五國部見後。

越里篤　聖宗時入貢。

越里吉　聖宗時入貢。

剖阿里　聖宗時入貢。

萌古即蒙古也。遼道宗太康十年遣使來聘。又有遠萌古國亦遣使來聘。

以上諸部大抵皆小部，而其種族及居地不可悉考。就其可知者言之。則東北威斯海服屬於女真。已見前。今東三省及俄領沿海之地。北服蠻奚於蒙古，則居有今外蒙古。南服荒漠沙陀韃靼。吐谷渾西南，與回鶻。吐蕃則居中國西北邊諸部。亦為所服焉。西南于闐諸國亦入朝。天竺、大食亦南相通。則其聲威所被已及葱嶺東西矣。

遼史稱其幅員東至于海，西至金山，暨于流沙，北至臚朐河，今克魯倫河。南至白溝，僅就大遼所屬言之耳。其聲威所播，則固不止此也。

第八节 契丹与中国

契丹本小部落，居中华之西北，阿北漠隔，故阻绝固之，自擅于边远。阿保机勃兴，乘刘守光之暴虐，招用汉人，吞并诸部，遂致盛强，其初固未尝有意于中国也。迨中原丧乱，乃窥伺中原，视之如其所有，以刘仁恭中原与中国抗衡垂二百年，则知其所以蹂躏者，晋割燕蓟以赂契丹，以御汉人之计 [redacted] 乌乎内祸之由也，之祸哉 [redacted] 按 辽史本纪契丹之用兵于中国，始于 [redacted] 唐昭宗天复二年 [redacted] 除山北八州外，失于河东河北，蹂躏次深入，卞蒙掠不已。俘人畜而已，初未尝经有其寸土也 [redacted] 季夫闻晋

契丹太祖于唐时约为兄弟，乞兵以讨刘仁恭，并约共图梁，为外

南、契丹以閒、中國、之事。偉並契丹維持好于晉。於是復遣使聘契丹、奉書、
稱臣。以求封冊。契丹人要以厚幣、六洪威晉。刑冊之。為錦帛之國。克用
閩之。吾撫閩以一箭樓荔宗姊女嫁契丹。則[redacted]是時契丹之朝視。
及中國。視契丹之價值。知契丹未帝。貞明二年。太祖攻蔚州。執
振武節度使李嗣本。莊宗方與梁爭。遣李存矩[redacted]救之。兵敗擒焉
將盧文進殺存矩。入契丹、、遂從攻新州。周德威擊之。以衛校
圍幽州。太祖從屠盧龍節。為盧龍。周用守之。唐莊宗遣嗣源等救
幽州。契丹數敗。乃絕好。後莊宗討張文禮圍鎮州。王處直懼。使子
郁以、契丹。、太祖大舉入寇。而處直為子都所廢。太祖遂
及中山。莊宗敗之。王都反。唐遣王晏球討之。契丹太宗遣秃餒

薊州及赫連嶺等九口外之險，皆有關隘，今自山
塞險，形勢絕險，唐時置戍守于此，以扼契丹。戍兵常自耕食，惟衣
食仰給幽州，久之。皆有田宅，長子孫，以堅守爲己利。唐末幽薊割
據，戍兵屢散，契丹乃陷營平。幽薊之間，歲苦寇鈔。莊宗末，趙德鈞
鎮幽州，于其境[redacted]置良鄉縣，又于幽州東五十里築城，屯戍以兵，及
破赫邈等部，乃于其東置三河縣，契丹乃不敢西寇。雖唐使不敵，塘鎮
河東以深之。蓋自敬塘自立，開契丹，以薊北契丹用兵于中國，迄宋不能
不和。至後唐時幽州守將失渝關之險，由是契丹幽薊規復和後
據榆關之險，因事因循，未嘗不可爲也。至幽薊割則關北之險可守
遼師自南出幽州，如長驅直抵太原，與汴氣交鬭，一州宋

人以都城而存，不能證于記載者，以不隱其以統御乃國之族移殖矣。故一時此斷六朝之際，實中國對于北族強弱之大原。

契丹與中國交涉之事，宜歸入國史中。故僅述其緣起，論其崖略如此。

11

遼雜稅多不可考　會同初晉獻瀛莫始得河間煮海之利置榷鹽院於香河縣一時産鹽之地五京計司各以其地領之其監帳之制歲出之數不可得而詳矣　右鹽稅

太宗置羊城於炭山北起榷務以通諸道市易太宗得燕置南京城北有市有司治其征餘四京及他州縣貨產懋遷之地置亦如之　雄州高昌渤海亦立互市以通南宋西北諸部高麗之貨　右征商

太祖始并室韋其地產鹽鐵金銀其人善作銅鐵器　參看五代史室韋傳　又有曷术部者多鐵部置三冶神冊初平渤海得廣州本渤海鐵利府改曰鐵利州地亦多鐵東平縣本漢襄平縣地產鐵礦置採煉者三百戶隨賦供納以諸坑冶多在國東故東京置戶部司長春州置錢帛司太祖征幽薊師還次山麓得銀鐵礦命置冶聖宗太平間於潢河北陰山及遼河之源各得金銀礦興冶采鍊自此以迄天祚國家皆賴其利　右坑冶

# 渤海

睿宗先天中使拜
祚榮左驍衛將軍渤海郡王。以所統為忽汗州。領忽汗州都督。自
是去靺鞨號專稱渤海。開元七年祚榮死。子武藝立。斥大土宇。東北諸夷畏臣
之。黑水靺鞨使者入朝。玄宗以其地建黑水州。置長史臨總。
武藝召其下謀曰。黑水始假道於我與唐通。異時請吐屯於突厥。
皆先告我。今請唐官不吾告。是必與唐腹背攻我也。乃遣弟門藝及舅
任雅相發兵擊黑水。門藝諫不從。兵至境。又以書固諫。武藝怒。從
將殺門藝。門藝奔唐。武藝使請誅之。詔處之安西。而好報曰。門藝窮
來歸我。誼不可殺。已投之惡地。武藝知之。上書斥言陛下不當以

安帝天和二。高史殺門藝。乃陽斥門藝。〇十年。武藝遣大將張
文休率海賊攻登州帝馳遣門藝發幽州兵擊之使太僕卿金
思蘭發新羅兵攻其南會大寒
雪丈餘士凍死過半無功而還武藝望其弟不已募刺客入東都狙刺於天
道。門藝格之。不死。河南捕刺客悉殺之。武藝卒子欽茂立天寶十
四年徙居上京李年多徙都東京貞元之十。年欽茂卒宏臨早死族
弟元義立一歲。猜虐。國人共殺之。立宏臨之子華璵。復還上京。知傳至仁
秀。係立王凡十五傳。是為渤海最盛之時。又四傳至諲譔為契丹
所滅。

渤海世系圖

攻之。遂（隨）從師。以諲譔率族行。五月南海定理二府復（叛）。七月鐵州刺
史衛鈞反。鐵州在今蓋平縣地。堯骨等討平之。是月。于都城西築城以居大
諲譔。賜諲譔名烏魯古。妻曰阿里只。烏魯古阿里只者契丹太祖
及其后受降所乘馬名也。因以賜諲譔及其妻。渤海人復立
諲譔之弟爲王。太祖復自將伐之。次夫餘府。攻之。不克。卒于城西
南兩河之間。至後唐末帝清泰元年。有渤海世子光顯奔高麗。
、、、、、。、、、、、、、、、、。
即諲譔之弟之子。至其時爲契丹所滅不興。
、、、、、、、、、、、、、、、、。
契丹太祖之滅渤海。盡集諸部之兵加之。出其不意。襲破之。[redacted]
[redacted]攻（自）夫餘城之圍。至忽汗城之下。其間不過十五日。所謂兵貴、、、
神速也。然渤海豈盛國哉。故契丹非果有勞力。然後服之。以據朝鮮

契丹之用兵于渤海，始于唐昭宗天復三年。《紀》：東北諸部宿
已服，唯渤海未服。契丹太祖謀南征，恐渤海[redacted]其後，乃先遣
將伐渤海，不克。越二年，此唐明宗天成二年。契丹太祖天贊四年。十二月，太祖
自將伐之。皇后、太子及大元帥堯骨皆從。閏月丁巳，圍扶餘府。
在今開原縣境。明年正月庚申，拔之。別將破東平府。在今吉林，南寧某之西。又拔夫
餘府。太子及大元帥為前鋒，進攻忽汗城。渤海王大諲譔使老相將兵三
萬拒戰，敗降之。丙寅，圍忽汗城。己巳，諲譔請降。及辛亥，乃出降。丁
丑，後叛，復拔之。二月[redacted]改渤海國為東丹，忽汗城為天福，冊太子為
人皇王以主之。時則安邊、在今興京。鄭頡、今開原。南海、今朝鮮咸興。定理今瀋陽。府
及諸道節度、刺史來朝，尉勞遣之。三月，安邊、鄭頡、定理三
府[redacted]叛，遣安端討平之。時長嶺府今興京東北。未下，遣康默記、韓延徽

突厥 薛延陀 回纥 沙陀

第三節 突厥之分裂及其臣隋

北狄強盛，[illegible]突厥。突厥[illegible]

[illegible]

[illegible]

隋威已逮，[illegible][redacted][illegible]

突厥[illegible]

木杆可汗在位二十年，卒，舍其子大邏便而立其弟，是為他鉢可汗。

他鉢以攝圖為爾伏可汗，統其東面，又以其弟褥但可汗子為步離可汗，

居西面。他鉢在位十年，病，語其子菴羅避大邏便。……之母

國人不服菴羅，母貴，突厥素重之。攝圖後至，語國中曰：若立菴

羅邏我写卑以又弟事哈立太羅邏傳我必字撓利丹長弟以相
待稱閣長且炳閣人出草顛達克平舂羅邏大羅邏臣不服每遣人會辱
之虜羅邏不紛割因以國懷稱閣果為伊利倶應設出其何稱皮羅可
汗一就以本鉢略可汗居都斤山（杭愛山）其兼令虜羅邏降在稍以冰稱為二
可汗太羅邏便乃沼以鉢略回我與家俱何汗如安淨艾業為令極
多鉢稍年住阿那以鉢略塞吃以為阿皮可汗遜領所郭汲而忌其勝怖
[illegible]（殘之）斬安母阿皮述身所倒再羞題可汗……着山
鉢略以汝羅為西國可汗大好為阿皮率兵而來鄭磨紛之
妹且十年遜為以鉢略相皮為有會汗可汗為以慶會汗以間名（會汗山今虜慕錄地）
素睦于阿皮以本鉢略奪其家屬追會汗云奔遠至以本鉢略稱弟勤

吾[redacted]与西域有隙後以突厥歸附彼內分裂之物

成矣

隋文帝之遇突厥也与周齊宗旨大異蓋擇所以待之之術矣

天周千金公主傷宗祀絶滅日夜言于沙鉢略遂寇邊入

寇擾掠之七〇十餘萬武威天水安定金城上郡弘化延安六畜咸

盡文帝震怒下詔曰往者周齊抗衡分割諸夏突厥之虜俱通二

國周人東慮恐齊好之深齊人西虞懼周交之厚謂虜意輕重

國遂安危謂生靈之命備其來往傾府庫之財棄于沙漠華夏之

地實為勞擾朕受天明命子育萬方愍臣下之勞除既往之弊回

入賊之物加賜將士息道路之人務于耕織出魂羅竅未知深旨

將大宗之日，此我國之時，求昔要之結，今時之

緣兵甲將糧，男女士庶，皆壯夫驍勇，頗形明王之首，安權爭于之

前。此則王懷所識，若稱射獵何敵，此竟誰虛不知，信云王舊進北

之此。都旁遍之敕文，執所重了，伊若恥，要可以保自古人不防殺

無旁兵事素親莫猶普告兩內知勝蕃臣，不是宮家宮事謀之也

錄略[redacted]卒阿波令使二可許迎私，了防免知其，時勞卻不能扶稱

胥路糧，不為以來援死，則勝漸而於外人事，於一家矣

追何錄略與阿波相攻，建兵不過，於遣使詣闕，求援文書，請不許

慮千八金盡于上，所請為一子之作，乃遣關內徐平和往使何錄略

以遣使請天子，前後遣虜衆，則往援馬，時何錄略改為達頭所困

又東畏契丹遣使告急請將部落寄居白道川內有詔許之晉
王廣以兵援之給以衣食賜以車服鼓吹沙鉢略因西
擊阿波破之而阿拔國未詳乘虛掠其妻子官軍為擊阿拔敗之
所獲悉與沙鉢略〻〻大喜乃立約以磧為界因上表始稱千
金公主賜姓楊氏編之屬籍改封為大義公主焉
開皇七年沙鉢略卒可汗之子雍虞閭性懦遺令立其弟葉護處羅侯
雍虞閭使迎之處羅侯曰我突厥自木杆可汗以來多以弟代兄
以庶奪嫡失先祖之法不相敬畏汝當嗣位我不憚拜汝也相讓
者五六處羅侯竟立是為葉護可汗以雍虞閭為葉護以隋所賜
旗鼓西征阿波生擒之明又西征中流矢卒其眾奉雍虞閭為主是

號頡伽施多那都藍可汗平陳上以陳叔寶屏風賜大義公主
公主心恒不平因書為詩敘陳亡以自寄上聞而惡之公主復與西
突厥泥利可汗連結上恐其為變將圖之會主與所從胡私通因發
其事下詔廢黜之恐都藍不從遣奇章公牛弘將美妓四人以啗之時
沙鉢略子染干居北方遣使求婚上令裴矩謂之曰當
殺大義公主乃許婚突利以為然復譖之都藍因發怒殺公
主于帳十七年以宗女安義公主妻突利特厚其禮以離間之突利
于是南徙度斤舊鎮
以舊沙鉢略所居
錫賚優厚雍虞閭怒
曰我大可汗也反不如染干朝貢遂絕後數為邊患十九年與玷厥
合兵攻染干屠殺其兄弟子姪染干于夜以五騎與隋使長孫晟歸

朔，拜為意利珍豆啓民可汗，華言意智健也。於朔州築大利城以
居之。隋朔州，今山西朔縣。時義成公主已卒，復妻以宗女義成公主。雍虞閭
又擊之，乃遷于河南夏勝二州之間。隋夏州，今陝西懷遠縣；勝州，今鄂爾多斯左翼後旗。發徒
掘塹數百里，東西拒河，盡為啓民畜牧地。來歸者甚衆。都藍為其下所殺。
達頭自立為步迦可汗，國大亂。仁壽元年[redacted]
者也。後啓民遂盡有其衆焉。

第四節　收畢之後威令頗行于己

秋霜降者草萎落而條葉動也肅殺作內哀已　外寇來之時秋之

乘中國之微搖中國之衰也狀之類也柳葉諸國不無人衛旌

與主爲伍悉爲戎之風不拂旌旗生利之民太少尚可華人之右

習於此以爲之鄙勤勤力者以從事生產則財興也宰郡美每異中

國衰之際近塞之民越境[redacted]歸之此如爲北夷之援而之地矣

驕侈漸盛日以近鮮卑從寮厥以來之野狩[redacted]淵則亦年不

於二也

破氏之後有其處地盡屬隋之　如破其事隋者謂煬帝大業十

三年破氏舉于北方至是爲始與華可汗時煬帝內務淫侈外事の

帝時海內獨突厥彊有輕中國心十一年八月圍帝于雁門後圍乃解由是羣盜蠭起于時海內亂中國人歸之者甚衆遂大強盛薛舉竇建德王世充劉武周梁師都李軌高開道等皆稱臣受其可汗之號郡丹陽高士谷渾風呂宜從客高隋而突厥也處羅之世且百萬獨立始畢處羅頡利後相繼可汗之舊矣

隋文帝之于突厥其外交手段可謂巧妙矣至于周則已難矣乃不利時而唐之所以稱于隋猶隋之所以稱于周大道將興可不懼乎始畢可汗以唐高祖武德二年卒子什鉢苾幼以為泥步設居東偏直幽州之北立其弟俟利弗設是為處羅可汗收隋蕭后及齊王暕之子正道置之定襄今山西平魯縣西北號隋王子奧射設陷

將卒不立弟出葛嗣是為頡利可汗以什鉢苾為突利可汗居東偏
管奚契丹靺鞨樹牙南直幽州東方之衆皆屬焉
唐高祖之起太原遣府司馬劉文靜使突厥與連和始畢使騎獻馬
二千兵五百及平京師恃功使者來多橫驕至頡利尤悖
慢多所須求高祖方經略天下故屈意事之多所含容贈賚不貲
然不厭其屢之求也自啟民至頡利乃世皆妻隋義成公主頡利
蕃旅興寇迴苑君璋劉黑闥之叛突厥皆與之合共迫數千里乎
歲不被其患時唐以太子建成議廢豐州在今鄂爾多斯右翼前旗之西
中州又罷豬子郡射段以所部人居之以靈州為界故塞之中國今甘肅靈武州
內共勸高祖棄長安遷都以避之以秦王世民諫乃止武德七年

頡利突利二可汗自原州連營而南（原州今甘肅固原縣）。秦王、齊王元吉禦之。

及聞突利與頡利有隙，遣使說突利，突利自託于秦王為兄弟。頡利請和而還。明年復入寇。高

祖欲令臣下更求所遷，乃為避寇計。世民用兵國初如。太宗之初，

頡利自將十萬騎寇武功（武功今陝西武功縣）。京師戒嚴。太宗馳六騎出玄武

門，至渭水上，與可汗隔水語，責其負約。頡利請和，翌日刑白馬盟

便橋上。高祖初以北方[redacted]守備空虛，而突厥兵力雄厚，使頡利和而不大

略者弱矣。然每深入輒仍請和，而邊圉日墨，知其便利而略無饜

如。

突厥部落本小，而驕強好盛，其所恃者，蓋亦[redacted]鐵勒諸部之

衆。其北鐵勒僕，自突厥有國，東西諸部，薛延陀、回紇諸部，依附于突厥，

而征討時常兵用，以制北荒。

郭之役，一旦雖加以父子兄弟自相携貳，又將尚[illegible]以疲
兵力，而土[illegible]之[illegible]，寔歐俗寡厚[illegible]，以華士趙德言
才其人，委任之，稍專國，又委政諸胡，斥遠宗族不用，興師歲入邊，
下不堪苦。今年歲饑，裒斂苛重，諸部貳，貞觀元年，薛延陀
回紇、拔野古諸部皆叛，使突利討之，不勝，頡利怒，囚而撻之，久乃赦。
又頡利徵兵于突利，不肯，因起相攻，是歲大雪，羊馬多凍死，人
饑，以年荒，突利自陳為頡利所攻，求救，詔將軍周範屯太原經略之。
又明年，夷男新稱延陀自稱可汗，以使來，詔李靖[illegible]擊頡利。
九俟斤以眾降，拔野古、僕骨、同羅諸部、奚、霫渠長皆來朝，于是詔
李靖等六總管師十餘萬擊之，四年正月，靖進屯惡陽嶺，夜[illegible]
[illegible]境

據說頡利ゝゝ ゝ懼。正牙積。大丞康蘇密等以隋蕭后楊正道降。
頡利走保鐵山。ゝ山在陰山。令執失思力來謝罪。詔唐儉等持節尉撫。靖因
其無備。就襲擊之。盡獲其家。頡利以千里馬獨走。於依軍與張寶相
所禽。其下武王康業隨。致入塞城。而來降於南十餘萬。漠南地遂
空。

第五節　頡利既滅之叛服

突厥之衆多而不統是以叛服並强不齊百足之蟲死而不僵大

為之助求家如是以頡利亡而突厥餘衆猶為唐患數十年

初頡利亡後其部落之東徙也詔群臣議處之宜温彥博請從

之兖豫之間分其種落散居州縣教之耕織化為農民永空塞北

之地魏徵等則以為宜遣之故土太宗[illegible]右彥博議度朔方地自

幽州至靈州建順化祐長四州為都督府以處其衆[illegible]地諸左今頡利

部分地六州左置定襄都督府右置雲中都督府以統之阿史德

在右陵西[illegible]林外附塞雲中都督以突利為順州都督令率其下

府治定襄

而倭治朔方令陵西據遠[illegible]

[illegible]都督[illegible]賀羅鶻[illegible]太宗幸九成宮突利弟結社率以郎將宿

御。陰結種人謀反，劫賀邏鶻，胥北還。事覺被誅，乃投賀邏鶻于嶺外。

立頡利族人思摩為乙彌泥孰俟利苾可汗，賜姓李，樹牙河北，悉徙突厥還故地。時薛延陀漸盛，思摩畏之，不敢出塞。太宗賜延陀書，諭以磧以北延陀主之，其南突厥保之，各守境，毋相鈔犯，有負約，我自以兵誅之。[redacted]十五年，思摩乃帥其衆十餘萬，勝兵四萬，馬九萬匹，度河，牙于故定襄城。此定襄城在今綏遠歸綏縣境。居三年不能得其衆，下多攜背，慚而入朝，因為宿衛。餘衆稍稍南度河，分處勝、夏二州間。車鼻可汗遂有其地。

車鼻可汗亦阿史那族，而頡利部人也，名斛勃，為小可汗。頡利之敗，諸部欲君之，會薛延陀稱可汗，遂往歸焉。其為人沉果，有智數。

處頡便附延陀，延陀將殺之，乃率所部遁去，建牙金山之北，三垂斗絕，惟一面可容車騎，勝兵三萬，擁之自稱乙注車鼻可汗，距長安萬里也，地在今唐努烏梁海境。西有歌邏祿，北結骨，皆附統之，時時大掠延陀人畜。延陀及見車鼻勢益張。二十一年，遣子沙鉢羅特勒獻方物，請身入朝。上遣安調遮、韓華往迎之。車鼻偃延年入朝。華謀與葛邏祿共劫之，事覺，華及調遮被殺。時回紇等方歸順，乃遣高侃發回紇、僕骨兵擊之，擒車鼻，其餘眾處鬱督軍山，建狼山都督府統之。其子羯漫陀來降，建新黎州，使領其眾。于是突厥盡為封疆臣矣。始置單于、瀚海二都護府，分領諸都督府州，即擢首領為都督、刺史。後初改燕然為瀚海都護府，領回紇，徙故瀚海都護府于西雲中城。號雲中都護府。磧以北蕃州悉隸瀚海，南隸雲中。
自頡利已滅，鐵勒諸部居漠北，突厥居漠南。唐于鐵勒諸部來降，
設[redacted]以其地置都督府州，而建燕然都護府以統之，所以治漢
北也。突厥平，設於其酋置單于瀚海二都護府，以統諸都督府州，所以
治漢南也。麟德時改燕然為瀚海，仍以治漢北，而於漢南則省故
單于都護府，而移瀚海于其地，又更其名為雲中。爲嘉前此以一
都護府治漢北，而都護府治漢南，至是則漢南北各以一都護治
之也。[redacted]又唐諸羈縻都督府州為地理
志[redacted]所不載，以不能皆得其治地，下同。
單于都護府治西雲中城，隋義成公主所居也。在今歸綏縣
西。貴阿史那頡利
咸亨請從突厥鄂爾渾校數百帳居之，以阿史德為之長。處積威建言
願以諸王為可汗遙統之。帝曰：今可汗古單于也。乃改雲中為單
于都護府，以殷王旭輪[redacted]為單于都護。諸蕃宗初為單于[redacted]所
大酋溫傅、奉職二部反，立阿史那泥孰匐為可汗，裴行儉討平之。

常、陸○中居傳、新、又、四、立、訴、外、族、伏念○ハ佐討之○伏念撫居傳、降○凡

永享元年○二月骨、楊、又夕○

第六節 默啜之後盛及突厥之亡

自頡利亡國，突厥餘衆散居塞内，已無能爲，於爲坟塞異及居傳年數。二郡之叛，皆不旁出力，而至骨咄祿、默啜，乃復抗衡中夏，歷五十年。[redacted]見其兵力之衰弱，爲之如是。蓋高宗自中葉以後，勤于政事、對外之略既不能如貞觀中葉時，迨武后以一女主臨馭，臣宗懼海内之叛已也，則但以爵祿收拾人心。[redacted]後，其於所以擠判海内方盡力于對内之不暇，而何暇對外？于是突厥默啜乃得抹掠其（）始爲患。

成慶德稽首來臣者[redacted]遂俱稱兵以叛矣，有高宗、武后時之跡于對外並沒有開元時武事之功〻〇〇〇〇〇〇〇〻並之邊無以重邊兵之勢，並因而安史之亂，以趣安史之亂，並因而藩鎮之禍矣。

内地内庸逖四已星〻之大经于标原消〻不塞后成何女谐
之祸夫孰知其至于此哉
骨咄禄者颉利族人也伏念败后之余黑沙城未详或云在今朔方北口稍聚散
大乃自立为可汗寇掠于朔代间未此也讨之不利天授初死
子弟默啜自立残寇灵胜武后发十八将军合众击之大败
择之不见虏默啜后娶其孝子忠为默啜诸择残自立[redacted]称为处
毒可汗会居默啜残其欲来掠者举以其妻子[redacted]册
为将进颉跌利施大单于立为拓国可汗未及宿卫以
后求亦为降户及粟种十万斛农器三千具铁数万斤下为降户
此实欧内敌之源然饕胜灵及朔代之间者而亡之后来与之默

啜邊[illegible]

默啜既浸盛，求進女于中國。武后以淮陽王武延秀聘其女為妃。遣閻知微攝春官尚書，與司賓卿楊鸞莊持節護送。至默啜，默啜曰：我以女嫁唐天子之子，今乃武家子，且我世附唐，今聞其子孫獨二人在，我當立之。即因延秀等，執知微為可汗，自將騎十萬南向，掠河北，至相州，今河南安陽縣。所過人畜金帛子女，悉虜有之。武后發兵三十萬拒之，皆顧望不敢戰。默啜盡殺其役，與契丹李盡忠之役，皆唐中葉以前中國受創最甚之役也。

默啜既得志，歲入邊，戍兵不得休。中國既不能制，然則諸部落往臣之也。從廣寧軍兵與鐵勒時服等，契近開元時，曰突厥復強於外國。

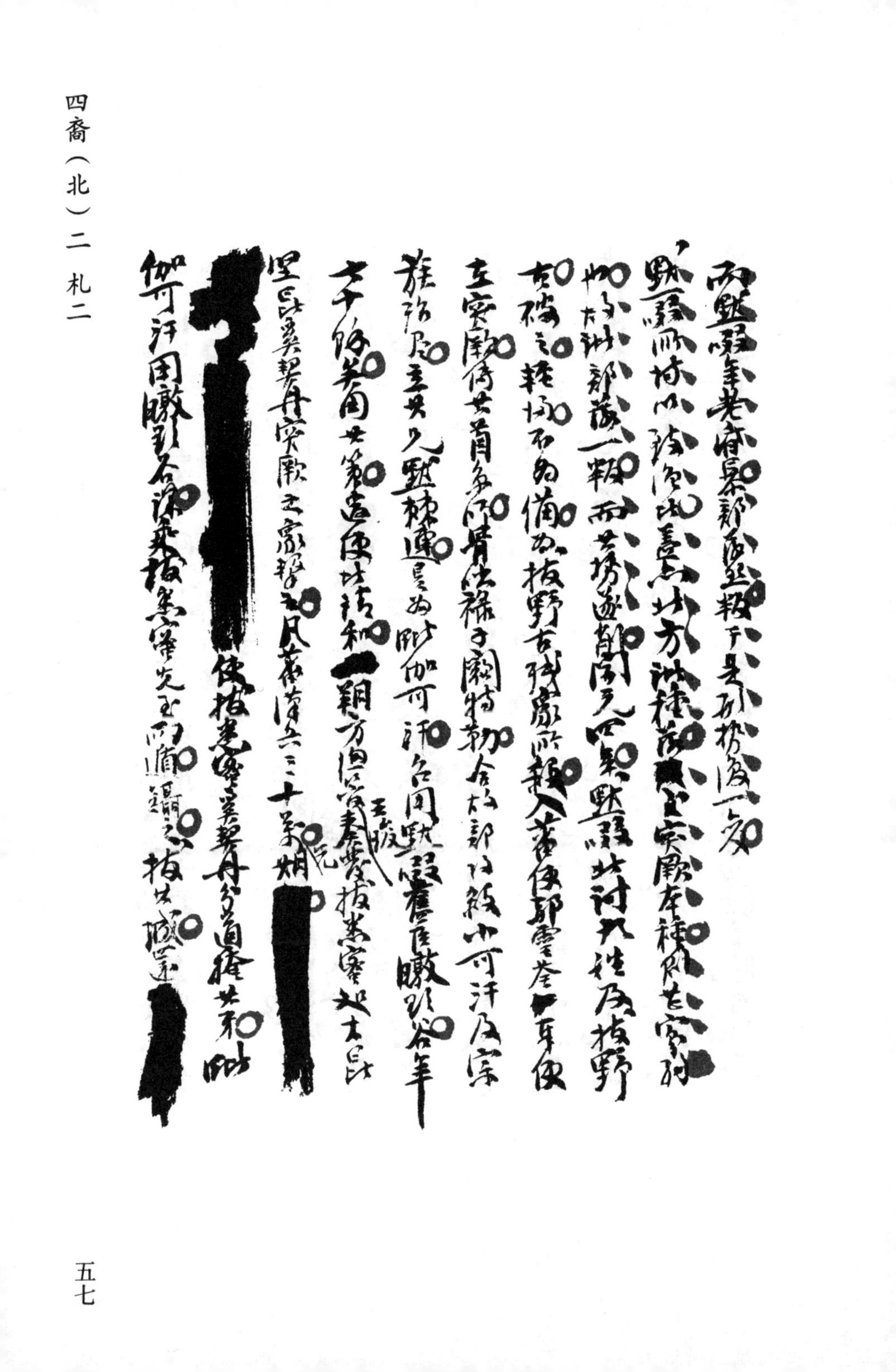

[illegible]

條條加加彌度五千冊丹令甘啖 [illegible] 突厥當是大振今有默啜詳條
家明年周乞和請父事天可汗許之
開元十九年毗伽可汗為梅錄啜所毒死國人立其[redacted]子伊然
可汗八年卒[redacted]弟[redacted]毗伽骨咄祿可汗[redacted]唐冊為登利可汗幼其
母婆匐與小臣飫斛達干淫遂預政[redacted]不協諸部可汗从父分
掌東西兵號左右殺士之精勁皆屬焉可汗與母誘斬右殺奪
其兵左殺判闕特勒攻可汗殺之立毗伽可汗子俄為骨咄葉
護所殺立其弟又殺之葉護乃自為可汗天寶初其大部回紇葛
邏祿拔悉蜜共攻殺葉護拔悉蜜之長為頡跌伊施可汗回紇
葛邏祿自為左右葉護國人立判闕特勒子為烏蘇米施可汗三

鞠拔悉蜜等三部共攻殺之，其弟白眉特勒鶻隴匐立，是爲白眉可汗。回紇人攻拔悉蜜，自爲可汗，于是突厥大亂，詔朔方節度使王忠嗣以兵乘之，破其左阿波達干十一部，獨其右未下，而回紇、葛邏祿殺拔悉蜜可汗，奉回紇骨力裴羅定其國，明年殺白眉可汗，傳首京師，突厥遂亡。其始建國，在元魏大統初，大統元年爲梁武帝大同元年是蓋百二十年矣。後或朝貢，皆舊部九姓云。九姓曰藥羅葛，曰胡咄葛，曰掘羅勿，曰貊歌息訖，曰阿勿嘀，曰葛薩，曰斛嗢素，曰藥勿葛，曰奚耶勿，見回紇傳。藥羅葛即回紇姓也。蓋突厥之與鐵勒始終不甚可分。

第七節　西突厥之始末

突厥盛時，地東西萬里。其屬部有今內外蒙古、黑龍江及俄領西伯利亞、中央亞細亞。上節既述之。然突厥部落本無甚統屬，此廣大之境域，非專民實力所及之也。亦會西突厥畧時適與隋國敵一時，為所羈縻耳。而其本族，又不統役，此則本於所以東西分遂。始，西突厥始於達頭可汗。其父曰室點密，亦曰瑟帝米，葉護也。務之沙鉢略，突伊利可汗之弟也，居烏孫故地也。有眾，是即突厥西面。蔥嶺以西，鹹海以南，疏勒以北，善尼有天竺瀚海，與都陸、弩失畢、哥邏祿、處月、如突伊吾、謝稜橖，處共下，得小其而方同。此諸種善之鐵勒部落，大凡俗方抵突厥也言。謂也異，阿波可汗東奔達頭，始與沙鉢略構怨，阿波為處羅侯

所謂西突可汗。時達頭歲以立相加。而隋常助啓民。於達頭敗奔

吐谷渾。初阿波之敗。國人立鞅素特勤之子。是為泥利可汗。達頭

之敗。泥利為鐵勒所敗。子達漫立。號泥撅處羅可汗。其母向氏。

本中國人。生達漫而泥利死。後嫁其弟婆實特勤。開皇末。婆實共

向氏入朝。遇達頭之亂。遂留京師。大業初。處羅可汗撫御無道。其

國多叛。大為鐵勒所敗。時黃門侍郎裴矩在敦煌。引致西域諸國。

聞其國亂。後知處羅思其母向氏。因奏之。帝使司朝謁者崔君

肅齎書慰諭之。處羅甚踞。受詔不肯起。君肅諭之。乃再拜跪受

詔。遣使朝貢方物。六年。帝西狩。遣使召與車駕會。其國人不從。處羅

謝使者。以他故。帝大怒。無如之何。會達頭之孫射匱遣來朝求婚。裴矩因奏。拜為大可

汗。以分其國。因請令誘射匱。射匱大喜。發兵襲處羅。處羅敗之。處羅棄妻子，奔高昌。帝遣裴矩將向氏馳要之。乃入朝。以信義公主下嫁焉。號曷薩那可汗。從幸江都。江都之亂。隨宇文化及至河北。化及將敗。奔歸京師。唐高祖封為歸義王。後以射匱之請見殺。

然處羅雖為隋計所敗。然西突厥羣域諸國。盡臣城郭諸國。其實固並以國實也。故處羅雖去。而有曷薩那之被留。唐人遂立射匱為可汗。建庭于龜茲北之三彌山。玉門以西諸國皆役屬焉。與東突厥亢。射匱卒。弟統葉護可汗嗣。勇而有謀。戰輒勝。并鐵勒。下波斯。罽賓。控弦之士數十萬。徙庭于石國北之千泉。在碎葉城西四百五十里。遂霸西域諸國。悉授以頡利發。並命一吐屯監統。以督征賦焉。

大唐西域記。

碎葉城。隋書至碎葉川上。傳之素葉水次同也。

然統葉護負其強，不以恩結下，部多怨，其伯父莫賀咄殺之自立，
是為屈利俟毗可汗，國人不附。弩失畢部自推泥孰莫賀設為可
汗，泥孰辭避之，迎統葉護之子咥力特勤，是為乙毗鉢羅肆葉護可汗。
汗與俟毗乃二主共國，鬭不解，西域諸國皆叛之。[redacted]國大
虛耗，眾叛，附肆葉護。俟毗走保金山，為泥孰所殺，肆葉護為大可
汗。性猜狠，陰圖殺泥孰，泥孰亡入焉耆。設卑達干與弩失畢部謀殺
之，肆葉護輕騎走康居，尋死。國人迎立泥孰，是為咄陸可
汗。死，弟同娥設立，為沙鉢羅咥利失可汗。分其國為十部，部以一
人統之，[redacted]人授一箭，號十設，亦曰十箭。為左右，左五咄陸部，置
五大啜，居碎葉東；[redacted]曰處木昆律啜、胡祿居闕啜、攝舍提暾啜、突騎施賀邏施啜、鼠尼施處半啜；右五

弩失畢部置五大俟斤居碎葉西曰阿悉結闕俟斤曰哥舒闕俟
悉結泥孰俟斤曰哥舒處半斤曰拔塞幹暾沙鉢俟斤曰阿
半俟斤[redacted]下稱一箭曰一部落號十姓部落云
姓不為眾所悅賴西部立欲谷設為乙毗咄陸可汗與咥利失
戰殺傷不可勝計乃因伊列水約謂部河以西受令于咄陸以東
屬咥利失主之自是西突厥又分為東西矣
咄陸可汗建庭鏃曷山西謂之北庭駁馬結骨諸國悉臣附之陰
與咥利失部吐屯俟利發合以兵攻咥利失咥利失窮奔拔汗那
而死國人立其子是為乙屈利失乙毗可汗踰年死弩失畢部迎
伽那設之子畢賀咄葉護立之是為乙毗沙鉢羅葉護可汗建
庭雖合水北謂之南庭東以伊列河界龜茲鄯善且末吐火羅焉耆

石、米、何、穆、康等國皆隸屬焉。咄陸攻殺之，若其國。弩失畢不服，叛去。咄陸性[illegible]，[illegible]其下作亂，咄陸[illegible]去。如弩失畢部使至闕下，請立君長。使與大國三右臣擇可汗子孫賢者立之，乃立乙屈利失乙毗可汗。云死，是為乙毗射匱可汗，而賀魯後叛。

賀魯者，室點密可汗五世孫，曳步利設射匱特勒劫越之子也。居多邏斯川（地理作咄邏斯，西域記作咄羅邏私，今據[illegible]河），統處月、處密、姑蘇、歌邏祿（即葛邏祿）、弩失畢五姓之眾。乙毗射匱以兵迫逐之，遂內屬，處庭州（其地在州）莫賀城（拜瑤池都督府）。密[illegible]衛。[illegible]西取咄陸可汗故地，建牙千泉，自號沙缽羅可汗。遂統咄陸、弩失畢十姓，入寇庭州。詔梁建方等發府兵二萬，合回紇騎五萬討之，破處月部，斬首[illegible]朱邪孤注。永徽四年罷瑤池都督府，處月部置金滿州。[redacted]命程知節為大總管，率諸軍進討。
明年，破謌羅邏祿處木昆屋(諸部)旋(?)賀魯。顯慶初，復以蘇定方為大總管，率諸軍擊
討之。[redacted]阿史那彌射，室點密五世孫，世為莫賀
咄葉護。貞觀中，立為奚利邲咄陸可汗。族兄步真謀殺之，彌射不能國，舉所部處月
處密等來朝。步真自為葉護，設(?)不附者亡去之，二十五族人來朝。步真
以國大亂，其衆攻(?)弩失畢五咄陸皆降，合彌射步真追至碎葉城。
賀魯同其子咥運至石國[redacted]處(?)六
隆(?)咽(?)處(?)，乃遣蕭嗣業追擒之，遣使獻於(?)闕，所有(?)賀魯所据
嘉運(?)．西域平[redacted]
西域既平，列其地為州縣，以處諸部，置昆陵、濛池二都護以統之
其所役屬諸國，皆置州府，西盡波斯，並隸安西都護府。以阿史那彌射

射乃興昔亡可汗崑陵都護，領五咄陸部；阿史那步真為繼往絕
可汗濛池都護，領五弩失畢部。時乙毗射匱已死，（中微）（下年）子真珠葉
護立孫射匱，舉殺於龍朔二年。步真誣彌射謀反，及磨殺彌射，步真亦卒。
於咸亨二年以西突厥部首阿史那都支為匐延都督，安輯
其眾。儀鳳中與吐蕃連和寇安西。調露元年裴行儉討之，而娑
自是（無主）十姓二部人日離散。擢彌射子元慶，步真子斛瑟羅襲父
所領及可汗號。長壽元年元慶坐謁皇嗣，為來俊臣所誣，要斬，流其
子獻于振州。以斛瑟羅以殘衆不復，突騎施烏質勒居其地，斛
瑟羅與其部人六七萬內遷。長安三年以獻為興昔亡可汗，安撫招
慰十姓。尋使北庭大都護。烏質勒子娑葛強盛，獻不能制，而關死。

長卿所如挪代王其絶矣

第廿六条

注延陀之興亡及鐵勒諸部臣唐

十五

鐵勒諸部當以突厥為最强據第二章第一節所述薛延陀次之則突厥亦鐵勒之一部故突厥之衰而延陀遂繼起隋煬帝大業元年突厥處羅可汗擊鐵勒諸部厚税斂其物又猜薛延陀等將為變集魁帥數百人盡誅之由是一時反叛推契苾哥楞為易勿真莫賀可汗居貪汗山在今唐努烏梁海境薛延陀乙失鉢為野咥可汗保燕末山後突厥復强二部黜可汗號往臣之回紇拔野古阿跌同羅僕骨在鬱督軍山者東附始畢案唐書突厥傳可汗建庭都斤山薛延陀傳樹牙鬱督軍山直京師西北六千里頡利滅率其部稍東保都尉犍山獨邏水之陰遠京師才三千里而贏回紇傳南居突厥故地徙牙烏德犍山昆河之間獨邏水今土拉河昆河今鄂爾坤河都

尉犍山與烏德犍山，地當相近，均在今土謝圖汗北境。回紇傳云：紇
居突厥故地，附所治都斤山者，為尔其地。推鬱督軍山在長安西
北六千里，則相去稍遠。今觀此文，鬱督軍山與金山對舉，則知
其所包甚廣。蓋漢北諸山，在今唐努烏梁海及科布多者，統稱為
金山。譯其音則曰阿爾泰，自其音諸部汗之來，統稱曰鬱督軍。異
譯作都斤，亦作都尉犍，又作烏德犍，今譯則作杭愛，其實一也。
乙室鉢居金山西，役屬薛延陀。貞觀二年，薛延陀乃其國號，乙室鉢孫夷
男，率部帳七萬附頡利，後攻頡利，弱之，諸姓多叛頡利，歸之，共
推為主。夷男不敢當。明年，太宗冊為真珠毗伽可汗，乃樹牙鬱督
軍山，其地東接靺鞨，西抵葉護突厥西突厥，南沙磧，北俱倫水。今
會倫河。回紇諸部莫不服屬。頡利滅，率其部稍東，保都尉犍山獨邏
水之陰，東室韋，西金山，南突厥，北瀚海，盡古匈奴地也。勝兵二十
萬，以庶子曳莽為突利失，統東方，嫡子拔灼為大度設，統西方。太

宗恐其強大為患因夷男請拜二子皆為小可汗曳莽曰突利
失拔灼曰肆葉護以分攜之而延陀之斃肇于此矣案唐書前云以二子大度
失突利失分將之號南北部七年開使者入朝帝以後種大為患
欲產其禍乃下詔拜其二子皆為小可汗後云始延陀請以庶子
曳莽為突利可汗失東方統嫡子拔灼為肆葉護可汗統西方
今案大度即達頭異譯突厥小可汗統東方者曰突利統西方者
曰達頭夷男殆因其成法并襲其稱號云號南北部似誤又突厥
太子似官葉護如匈奴之左賢王故沙鉢略以其子雍虞閭性輭
欲立其弟處羅侯即先以為葉護處羅侯立又以雍虞閭為葉
護後回紇助唐平安史太子葉護將兵來亦稱葉護拔灼為嫡子當
嗣位故拜為小可汗時更其號為葉護[redacted]曳莽則仍稱突利失
由此觀之唐書所謂突利失者即曳莽大度設者即拔灼也
此事雖出太宗乃產其禍之意亦必因夷男之請而後行之所
謂使者來稱殆即以是為請者也唐書敘事欠晰今以意訂正如此
右
自頡利亡後突厥餘衆或附薛延陀或走西域或降中國附延陀

者多論矣。至西域者，非延陀[redacted]左，遂盡皆入西突厥。即降中國者亦多居[redacted]河南。參看[redacted]上章第五節。則時延陀雖僅據漠北，漠南之地固無與抗顏行者。迨貞觀十五年，太宗乃以李思摩爲可汗，帥突厥北度河牙于漠南，延陀之怒之宜也。故太宗使謂以所諭，以漠以北延陀主之，漠以南突厥保之。夷男雖奉詔，頗曰：突厥翻覆，其未亡時殺中國人如麻。陛下滅其國，謂宜收種落，皆爲奴婢，以償唐人。而結社率竟反，此不可行明甚。後有三叛，請絕爲陛下誅之。其後中國擁護突厥，而意存挑撥，其感情見乎辭矣。會太宗封[redacted]泰山，夷男乘機使大度設將兵二十萬，[redacted]率一兵四馬絕漠擊思摩。攷云勝兵二十萬，則兵未盡集。又以太子爲將，在延陀。思摩走朔州，言狀。上發諸道兵擊之，大度設遇李勣，蓋爲不敵

退所之夷男使謝罪請婚太宗許以新興公主下嫁詔夷男親迎
將至靈州成昏禮夷男大喜乃復賦諸下羊馬為貲不亟集度磧
至小草又多死納貢后期詔絕其昏或曰既許之信不可失帝曰
昔匈奴強中國不抗故飾子女嫁單于今北狄弱我能制之延陀
方謹事我者以新立情恐以服衆耳同羅僕骨力足制延陀而不
敢發者懼我也今以女妻之因中國婿名重而勢堅諸部將協之戎狄野
心能自立外移矣今絕昏使諸姓聞之將爭擊之亡可待也是時
鐵勒諸部延陀雖前稱藩當亦收瑰後離相去回不甚遠[redacted]夷男
之卑禮以請昏圖非從以係情中國乃策也姑太宗則已毅然太
情矣厚徵其聘以費其部人當絕其婚以攜其心國以從[redacted]謝夷

何夷不服

貞觀十九年夷男死拔灼殺其兄曳莽而自立是為頡利俱利失薛
沙多彌可汗性卞急多殺父時貴臣而任所親暱國人不安阿波
設與唐使者遇於靺鞨東鄙小戰不利還怖國人曰唐兵至矣眾
擾諸部遂潰多彌以十餘騎遁去依阿史那時健俄為回紇所
殺盡屠其宗族五六萬奔西城漢高闕塞今[redacted]立真珠可汗昆
弟子咄摩支號伊特勿失可汗上言願保鬱督軍山帝詔兵部尚
書崔敦禮與李勣慰安之鐵勒諸部素服延陀咄摩支雖衰尚
臣畏之帝恐卒為患詔勣等曰降者撫之叛則擊之勣至咄摩支
駭陰欲拒戰外好言乞降勣知之縱兵擊斬五千餘級係老孺

三萬遂滅其國吐摩支聞天子使者至回紇身詣而降復遣江夏
王道宗率阿史那社爾等分部窮討於是鐵勒諸部皆降悉以其
地置都督府州即故單于臺[redacted]即漢武勒兵所登今歸綏縣西置燕然都護府統
之渠領請于回紇突厥部治大漠號參天至尊道乃詔磧南鸊鵜
泉在中受降城北五百八十里距磧口十里置過郵六十八所具群馬湩肉以待使客
龍朔中更號[redacted]燕然曰瀚海磧北諸蕃悉隸焉

# 第三十七章　回紇與二

## 第一節　回紇與

鐵勒諸部薛延陀外當以回紇爲最强故延陀亡回紇即繼之而起案突厥處羅可汗時鐵勒之叛契苾薛延陀被推爲可汗而回紇不與焉據北史則是時契苾被推爲可汗而薛延陀但爲小可汗則契苾强盛當冠諸部不知何以後遂無聞也唐書謂是時回紇與僕骨同羅拔野古並自爲俟斤又云回紇有時健俟斤衆始推爲酋長或即其▲時與

時健子菩薩材勇有謀與薛延陀共攻突厥北邊頡利遣欲谷設帥騎十萬討之菩薩將五千騎破之馬鬣山追北至天山盡俘其部

人皆振之力由是附薛延陀相脅齒號活頡利發樹牙于獨洛水上
菩薩死其酋胡祿俟利發吐迷度與諸部共攻薛延陀殘之并有
其地遂南踰賀蘭山境諸河盡延陀既亡突厥復不振斯時漠南
北之地惟回紇獨為雄張矣迨默啜興而形勢又一變
吐迷度兄子烏紇烝吐迷度妻夜劫殺吐迷度燕然副都護元
禮臣紿烏紇斬之子婆閏襲父所領死子比栗嗣比栗死子獨[illegible]
解支嗣於[illegible]時默啜強盛盡取鐵勒故地回紇與契苾思結渾三
部度磧南徙甘涼間獨解支死子伏帝匐立明年而默啜死伏帝
匐死子承宗立涼州都督王君㚟誣暴其罪流死瀼州族子瀚海
府司馬護輸殺君㚟梗絕安西朝貢道久之奔突厥死子骨力裴羅

羅立。天寶初，突厥亂，裴羅與葛邏祿自稱左右葉護，助拔悉蜜擊走烏蘇可汗。後三年，襲破拔悉蜜，斬頡跌伊施可汗，遣使上狀，自稱骨咄祿毗伽闕可汗。天子以為奉義王，南居突厥故地，徙牙烏德鞬山、昆河之間，盡有九姓地。（見前二十五頁）併又破有拔悉蜜、葛邏祿二部，總十一姓，並置都督，號十一部落。（第六節）有詔拜為骨咄祿毗伽闕可汗懷仁。明年，裴羅又攻殺突厥白眉可汗，斥地愈廣，東極室韋，西金山，南控大漠，盡統一漠北之地矣。

## 第二節　唐中葉與回紇之交涉

[redacted]鐵勒[redacted]種族紇[redacted]以方統者[redacted]凡四十一部，並可汗，雖其所用鮮卑並其所用
北背鐵，二突厥，三薛延陀，回紇也。紇中自以突厥為最大
勤也。[redacted]其並勝之回紇，但郡傳與延陀，等其並延陀事中國，惟薛且以[redacted]
為之回紇，自有代隋而中國凡數十年，則中國只有安史之亂
援之。以後以骨力裴羅之孫曰磨延啜並號葛勒可汗，遣太子
葉護，將騎四千，來助收長安，而有肅宗乃約贈絹二萬匹，使至朔方
陽，又以幼女寧國公主下嫁突厥，可汗並號特勒，率相繼從
帝東擣三千東西乃師於是相助之，漢帝德宗又師帝子陽
頗共意乃加尚，帝對可汗太子葉護，小死吃子，移地健立，號

牟羽可汗其妻僕固懷恩女也　始葛勒可汗為少子請婚帝以妻

之至是乃可敦代宗即位以史朝義未滅復遣中人往結好且發

兵比至回紇已為朝義所誘曰唐荐有喪國無主且亂請回紇

入收其府庫其富不貲可汗即引兵南時寶應元年八月也遣殿中

監藥子昂迎勞且視軍遇於太原宗諭其兵幾[illegible]知擁將帥

馬以翁乃可敦父帝令懷恩與之會因請助天子討賊以雍王

适即德宗為天下兵馬大元帥東會回紇可汗屯陝州王往見之

可汗責王不蹈舞擁藥子昂使魏琚判官韋少華各鞭百國子左殺

為先驅收東都其子瑒率回紇與朝義戰斬首二千獲其

[illegible]河北平懷恩自相州西出崞口還可汗出澤潞與懷恩會道太

存者乃怀恩召诱回纥、吐蕃入寇。怀恩道死，二虏争长，回纥首领
潜诣泾阳见郭子仪，请讲事于仪。仪率麾下叩回纥营，与之盟。吐蕃大
[illegible]时，唐[illegible]弱，回纥[illegible]中国已[illegible]，然和议成，[illegible]于夜[illegible]，而[illegible]
全[illegible]，则唐[illegible]之[illegible]如[illegible]之[illegible]，[illegible]而[illegible]既[illegible]起也。
然安史时，回纥之至中国，大有[illegible]，初[illegible]之[illegible]而来也。[illegible]
之。即[illegible]内向唐，子女金帛归回纥，及[illegible]下，回纥[illegible]王[illegible]
之时大元帅[illegible]于马，[illegible]乃[illegible]东，[illegible]回纥[illegible]三日[illegible]
之，回纥入东京，[illegible]数[illegible]人[illegible]马，二[illegible]回纥
[illegible]之[illegible]人，[illegible]一马[illegible]
[illegible]不[illegible]代宗[illegible]之不知也。[illegible]人[illegible]

十七 張說於宮女以無袴人令步門人爲騰躡翠樓梯子女暴市物

專長安令郝洗盜有司不敢詰其居十年見紀錄人横道爲兆尹

殺精猾之徒役百新文刺史人京師騎避案籍截前金部郎周戍獄

更表其騎橋飲馬於今即[redacted]有領軍將軍判閣之人年四十餘矣

德宗立九姓胡附回紇者往往入寇宰相[redacted]頓莫賀達干[redacted]可汗從父也

諫不聽頓莫賀殺可汗并殺其黨及九姓胡二千人而自[redacted]立焉

舍胃錦繡所所可汗與回紇至中國者參以九姓胡往往冒爲其部

至千人[redacted]殖產甚厚會頓莫賀立長安突董翳密施大小梅錄等歸國

裝橐系道留振武三月供擬珍豐費不可貲軍使張光晟陰伺之

時國丁子少堂已回紇勒兵吞胡可汗立多殺九姓胡人懼不敢歸往往

經云皇帝宣察視蔡辟一胡獻計于先歲請來朝向化先歲國閱物出

及蔡向化及闢[redacted]宣室所以諭安西何年內閣國使來何外

侍從明使原休國人[redacted]告訴來厥精獨乃紀宣帝書已令文

執知檮以安羅此使並用錢以明帶安不安華所我方耳研

須馬直百八十頭可遂備使隨休來朝帝陽陽以金幣敕可

計其記[redacted]其綏不肯從於乃容沒[redacted]條宣稱好[redacted]役

三年使獻方物諾和親帝不許陵寄以威德引不許奉相事世說之

乃詐以威至下獄泰帝厲奇秦為所以九之任刑

厥向化度皆保甘涼間非必能等部落可解矛錢總之

姓爲鄯少只以分別一部又案此文所述乃一說語九

推在十萬為一姓十部設數所生子

母族為姓阿史那本有十部此與阿史那同

奇沙鐵勒匠實
彤及蒲類焉
高

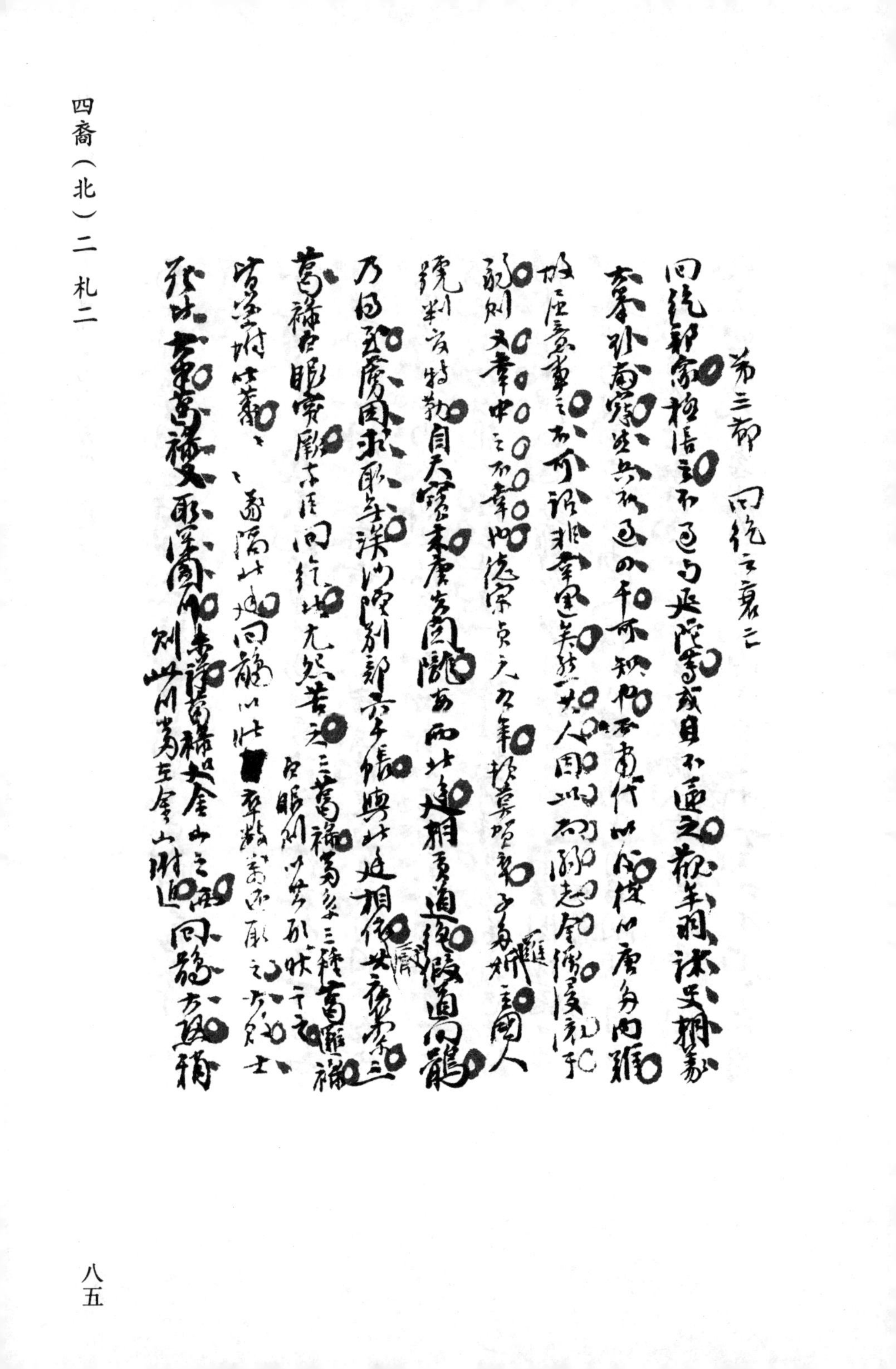

[illegible]

南史郭祖深傳云：對北之不競，已關異時見欺于野矣，如之機矣。

回紇自居之以後，史紀其事甚略，故其沒亡之情形亦不可得而詳。然觀其古相傳世襲之可以窺見，藉漢舊部九姓自相殘害也。陷□□錄中，內外部外其族云云，原出□□與安彰不世相遠一□。□之鐵勒諸部，於僕固接後一□，□□□□，其□□為□其□□。別分部，相保而已，分離散為少，可敗。此葉王壽，後僕固懷恩子為回紇葉護，生女，其弟自立，古居中國人報之，以[redacted]阿保幼子阿啜嗣，對古相類。于□□方以懷義達，可保業，出□□□伐云云，慶云撫惟於相生。殊之，此其人女乘度乃相持，大遜厚事之，十一年可汗死，無子，國

其國乃亡

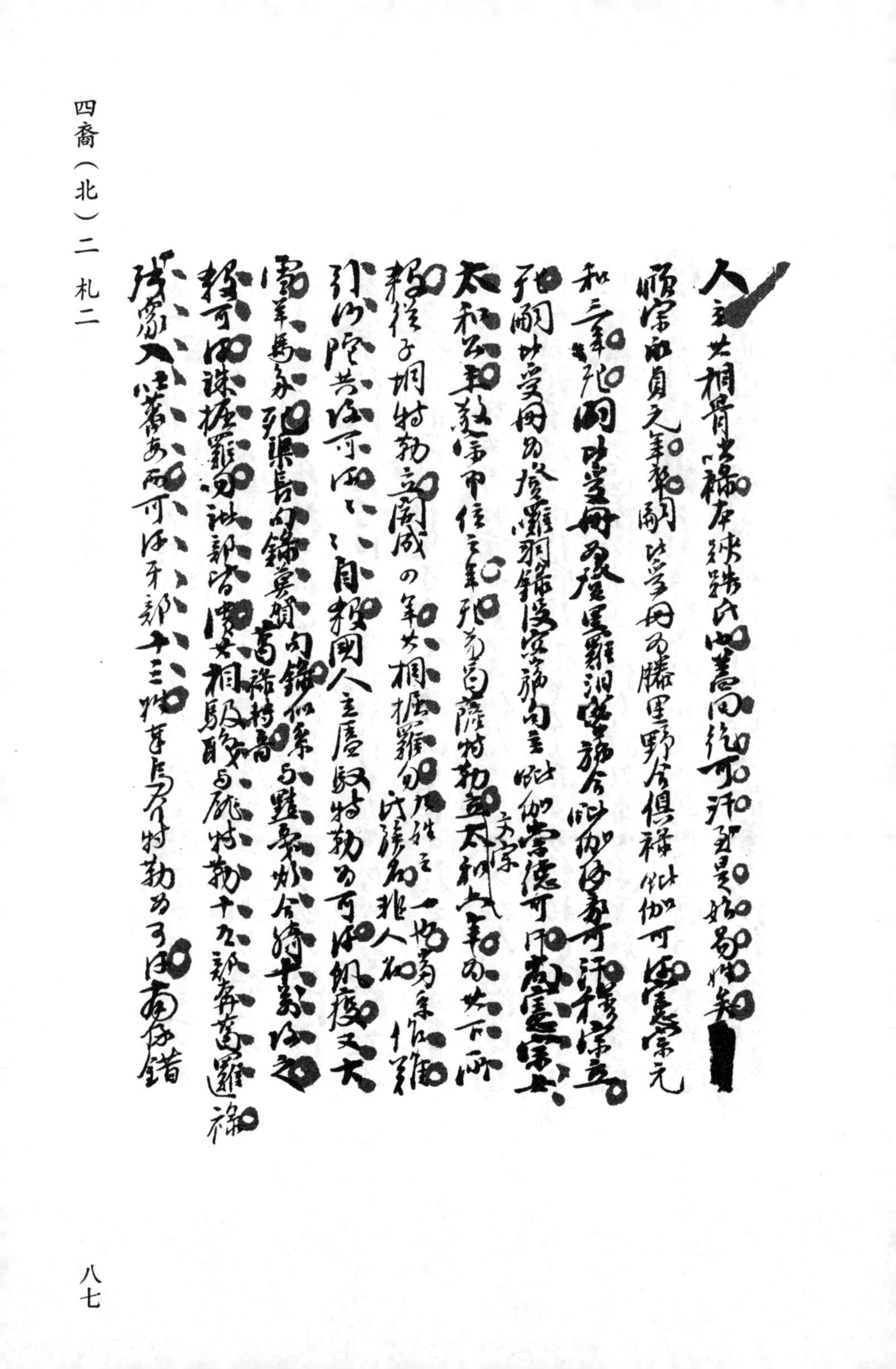

[illegible]

子山。[redacted]未詳。叔下南唐積云：北鞋靺多已殊不同，雜同於契丹之文自

[redacted]洲山、山尚嵩，出漢北。

少与唐同。案[redacted]書傳，少達干等至來朝，馬何、契丹毅之，拂主

南唐積拂靺鞨于後，振武闕，盜書，私占騎十萬，驍兵，六闕南門。

「求假天德城，不許。」可汗如洛，雲州，詔張仲武等侵，始以救肆，共寇

鼓郊，其可汗收所餘衆，依黑車子室韋，唐為黑車子拔之。其下文事甚

易，遂捨特勤為可汗，以室韋、奚不和，仰食于奚，奚王石舍郎寇掠幽州。

張仲武討奚破之，因絕室韋，衆散，奚王貴臣不多，乃餘特勤、室韋為仲武所

今鶻政[redacted]可汗，屬遂捨奚，撫其衆如狹，騎致妻，寇雲、朔，郭人憤失

室韋大姓析[redacted]子鑠之。鞋靺打契丹，其相阿撥將兵七萬擊室

韋，為收回鶻，回還積，並遮，怏怏山林間，相盜。仰叔自殺，稍流離，特勤

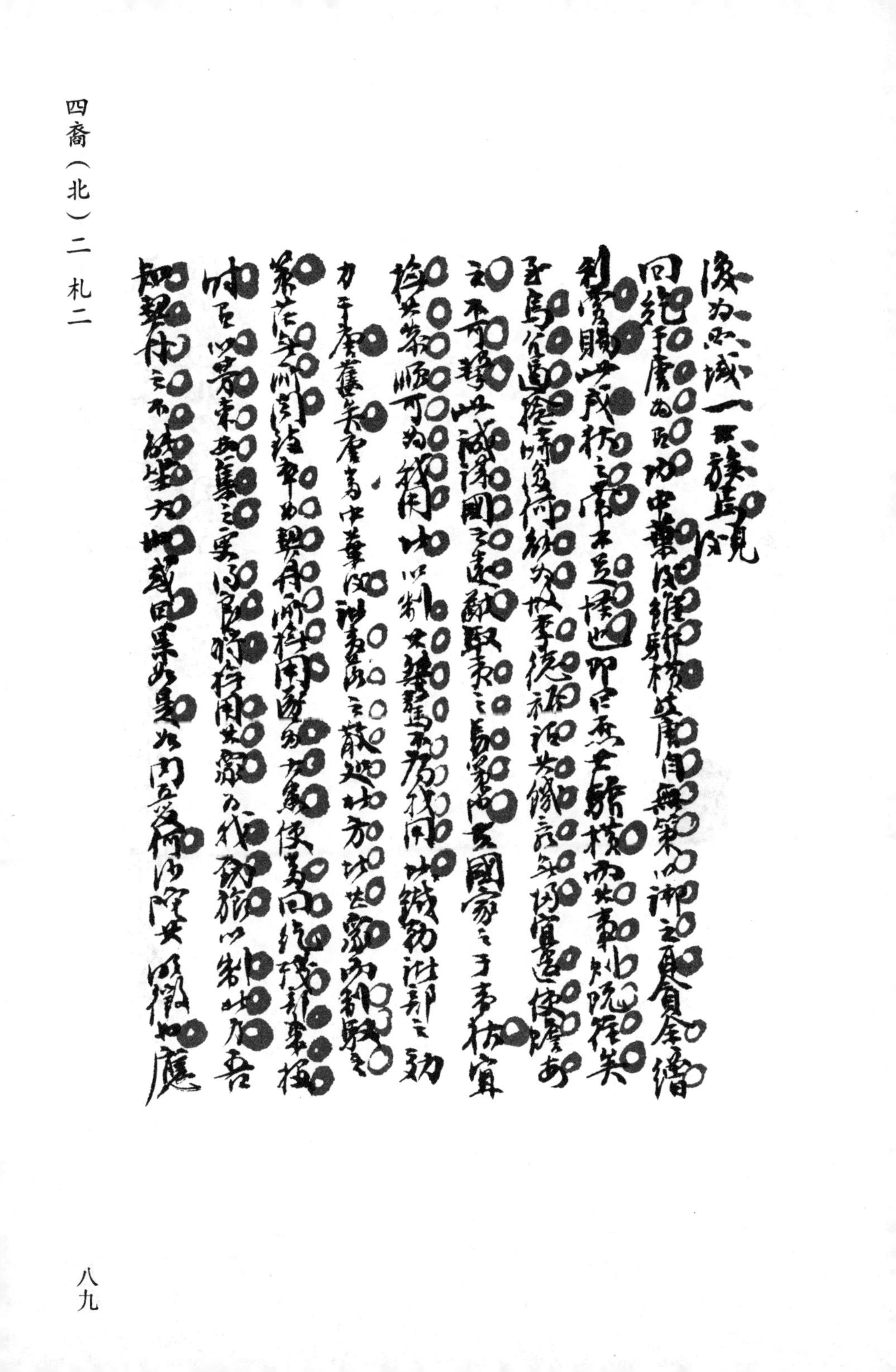

後為此域一大族虜見

[illegible]

之由算定不解義之[illegible]命賢不[illegible]禮[illegible]維不以陽[illegible][illegible]與
後[illegible]北[illegible]陽[illegible]後之實據矣

第二十八年 雖未形之與

第二九年 沙陀之始末

自突厥回紇相繼衰[redacted]鐵勒種族東奧有此些復，而發盛而成立。而域外則日以興盛，自今天山南路而扺兩海之間，皆[redacted]鐵勒種族所分布也。中國人統稱之曰回部，歐人則稱之曰突厥。古陸越南下而入於伊蘭高原，及小亞細亞、西亞細亞，爲各侵入印度焉，此共東羅馬爭手（後又詳之）。而鐵勒種類又有自天山南北路而入中國內外而稱沙陀也。今世述其事如下。

沙陀本稱處月，爲西突厥別種，居金婆山之陽，蒲類海之東[redacted]今巴里坤湖也。有大磧曰沙陀，故號沙陀突厥云。其首長姓朱邪氏。朱邪疑即處月異譯也。[redacted]突厥讀首音云陳，處月朱邪同係部也。諸內

處月○賀魯敗，朱邪孤注附之○，梁建方所執，即其地置金滿州○。沙陀二
所以○沙稱以○。其酋金山○從薛仁貴討鐵勒○，長安二年○，擢金滿州都督○。
金山死，子輔國嗣○。先天初○，避吐蕃○，徙居北庭○。死○，子骨咄支嗣○。骨咄
支死，子盡忠嗣○。時安西北庭○假道回鶻○，以通朝廷○，回鶻求取無厭○，
沙陀苦之○。貞元中○，沙陀七千帳附吐蕃○，與共陷北庭○。吐蕃徙其部
甘州○，以盡忠為軍大論●。寇邊●，也常以沙陀人為前鋒○。回鶻
取涼州○，吐蕃疑盡忠持兩端○，議徙沙陀于河外○，舉部愁恐○。盡忠與
朱邪執宜謀○。元和三年○，悉衆三萬落循烏德鞬山而東○。吐蕃●追
之○，行且戰○，部衆略盡○。盡忠死○，執宜裒殘衆，士二千○，騎七百○，（今甘肅寧夏）（靈武縣）
詣靈州塞、節度使范希朝以聞○，詔處其部鹽州○，置陰山

府以執宜為兵馬使沙陀素健鬥希朝欲藉以捍虜為市牛羊廣
畜牧休養之議者以靈武迫近吐蕃慮以反復生變須之[redacted]
希朝鎮太原因詔沙陀舉軍從之希[redacted]朝乃料其勁騎千二百號
沙陀軍置軍使而處餘眾于定襄川執宜乃保神武川之黃花堆
今山西山
陰縣北
更號陰山北沙陀王鍔節度太原建言朱邪族孳熾散
居北川恐啟野心願析其族隸諸州勢分易弱也遂建十府以
處沙陀太和中柳公綽領河東奏陘北沙陀素為九姓六州所畏
[redacted]九姓六州所謂突厥胡見第二十五卷第[redacted]請委執宜治雲朔塞下廢府十
一料部人三千御北邊號代北行營授執宜陰山府都督代北行
營招撫使隸河東節度執宜死子赤心嗣向執宜赤心皆從征伐數

下。以懿宗乙條三，分七關，化成沙陀朱邪赤心蔚朔等州

授使。龐勛初亂，從康承訓討平之，懿宗因賜姓名為國昌，

同鶻寇榆林，擾雲[redacted]朔。詔國昌為鄜延節度，國昌不受，乃從節振武。

僖宗乾符三[redacted]年，段文楚為代北水陸發運雲朔防禦使，時歲年

文楚腹削軍用度，下皆怨，故國昌子雲中守捉使克用殺文楚，據州

以聞。詔諸道兵進討，詔遣不出，加之太原節度方為[illegible]，以國昌為大

同軍防禦使，詔克用與父往。以為國昌[redacted]子無罪，一錢不肯

詔已而李鈞為招討使，所屬[illegible]之軍，都從李琢，與蔚州國昌交

用。李宗奏[redacted]隨以兵軍不能克，乘勢克用昌之

討。不出，克用自求，振武太原兵敗，晉陽有由原之原今雲州

西大同府。朔州。
今山西朔縣。

突厥。此蓋[illegible]時之據。[illegible]知其東知少有地跡。君則浸弱于國威，尉為其所并之一大族。[illegible]東方，[illegible]遂稱霸。[illegible]至西突厥，則據于西海之間。唐高宗之滅西突厥，以其地置崑陵、濛池二都護府，封其貴族以羈縻之。其諸部落皆為附不久，然後諸族之稍雄于西域者，則突騎施及葛邏祿也。突騎施，西突厥別種，元宗時其酋長蘇祿嘗雄長一時。寶至五十載，將種人分黃黑二姓，自相爭鬭，因以衰弱，乃臣役于葛邏祿焉。葛邏祿，亦突厥諸族，在北庭西北，金山之西。本有三族，曰謀落，曰熾俟，曰踏實力。後稍南徙，自號三姓葉護。至德後，乃徙十姓[illegible]可汗故地，黃黑二姓皆臣之。元時所謂哈剌魯，即葛邏祿之異譯也。

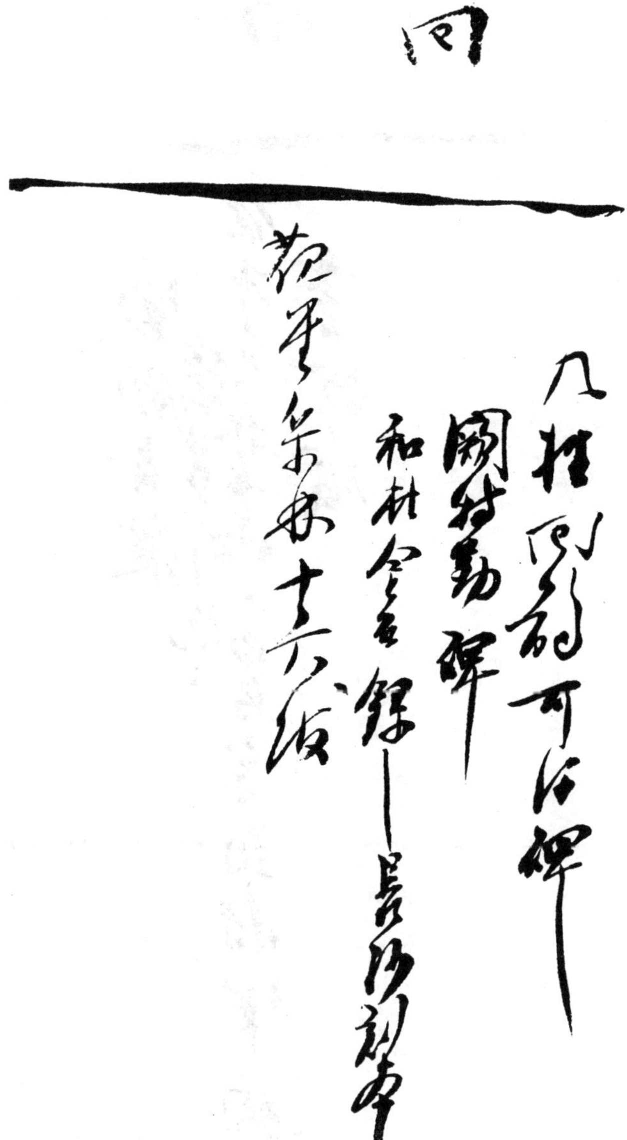

# 四一

寅畯吾媛
偕剛世兄儷
故孝文孫十六高宮觀將軍趙祗造
壽程侯

四裔

長人

中國考古學史 157 191 231

四者

長翟之人利而不义

國語二十一卷

種族

徐州子房山西麓

廿六、七

## 掘地發見古墓

（病民）

▲石匣一事 ▲陶器多件

徐州子房山西麓、有津浦路工頭李守信者、在該處新建房屋、興工掘地時、突發見古墓一道、并掘獲陶器數件、特誌本林、以供研究。

【古墓】在山麓深約五尺、地基不大。全爲土質、內有碩大之石匣完整如故、上覆以石蓋、去蓋則有身長丈餘之古屍一具、筋肉均無、枯髏大如斗。手足骨節。均較今人大可兩倍。匣內有零碎鐵銅器。一望而知爲武人之身軀也。

四 商

越絶外傳記吴地傳 婁東十里坑者古名長人坑從海上來去縣十里

長秋

長人

博物志二·二示

釋類

（路史）疏仡紀帝鴻氏章寧五年摩牟脩節桂陽材民掘十數其骸骼長丈餘顱骨不圓兩觸牙如大牙下骨其骸……

（又）任昉云吳越防風廟其神作龍首牛耳連眉一目足長三丈兩人桂防風氏即其後皆長大越人祭之奏防風樂截[redacted]竹三尺吹之如天嗥三人被髮而舞

四弟

周書蔡林

周語上・六年七五

弟

特此奉達

閔謹　八・二六

滿

蘇柳河
渾興西山
完吉敖代
棟東通代
哲柳河左

長

訥長白
鴨鞡安
珠舍江

東海

瓦扈吉東部
虎依蘭境

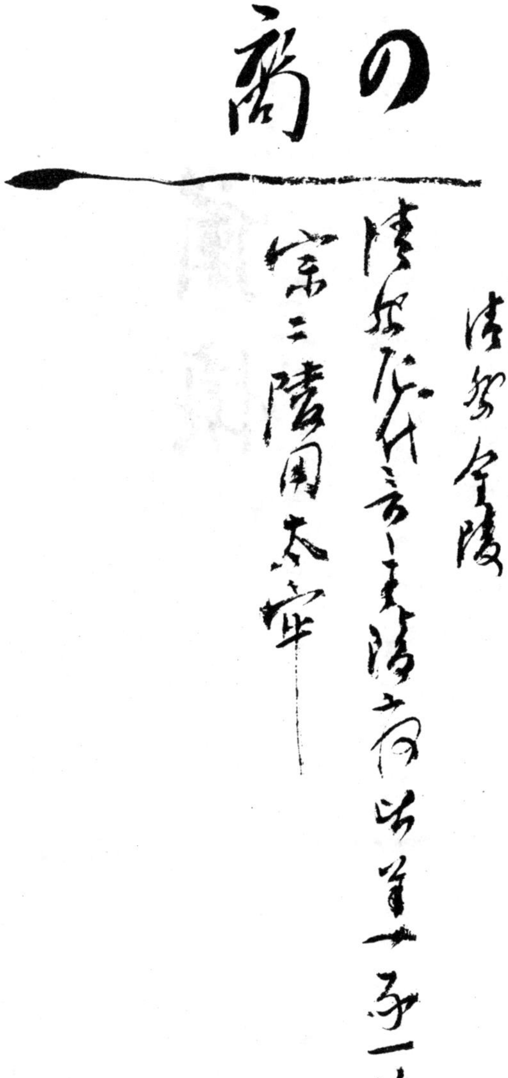

# 肅慎

肅慎

武王既伐東夷肅慎來賀海東諸夷駒麗扶餘馯貊之屬武王克商皆通道焉成王即政而叛王伐而服之故肅慎氏來賀○肅慎馬本作息慎云北夷也駒俱付反又如字麗力支反馯戶旦反地理志音寒貊孟白反說文作貉北方豸種孔子曰貉之言貊貊惡也

王俾榮伯作賄肅慎之命榮國名同姓諸侯爲卿大夫王使之爲命書以幣賄賜肅慎之夷○俾必爾反馬本作辯



疏成王至之命○正義曰成王即政之初東夷皆叛成王既伐而服之東北遠夷其國有名肅慎氏者以王戰勝遠來朝賀王賜以財賄使榮國之伯爲策書以命肅慎之夷嘉其慶賀慰其勞苦之意史敘其事作賄肅慎之命名篇也○傳海東至來賀○正義曰成王伐淮夷滅徐奄指言其國之名此傳言東夷非徒淮水之上夷也故以爲海東諸夷駒麗扶餘馯貊之屬此皆於孔君之時有此名也周禮職方氏四夷之名八蠻九貉鄭玄云北方曰貉又云東北夷也漢書有高駒麗扶餘韓無此馯馯即彼韓也音同而字異爾多方云王來自奄奄在後滅言滅奄即來必非滅奄之後更伐東夷夷在海東路遠又不得先伐遠夷後來滅奄此云成王既伐東夷不知何時伐之魯語云武王克商遂通道於九夷八蠻於是肅慎氏來賀貢楛矢則武王之時東夷服也成王即政奄與淮夷近者尚叛明知遠夷亦叛蓋成王親伐淮夷而滅之又使偏師伐東夷而服之君統臣功故言王伐不是成王親自伐也肅慎之於中國又遠於所伐諸夷見諸夷既服故懼而來賀也○傳榮國至夷亡○正義曰晉語云文王諏於蔡原訪於辛尹重之以周召畢榮於文王之時名次畢公之下則是大臣也未知此時榮伯是彼榮公以否或是其子孫也同姓諸侯相傳爲然注國語者亦云榮周同姓不知時爲何官故並云卿大夫王使榮伯明使之有所作史錄其篇名爲賄肅慎之命明是王使之爲命書以幣賄賜肅慎氏之夷也

# 商刀

肅慎氏楛矢銘其括

司馬袒決執弓升命取矢如初獲者許諾以旌負侯如初司馬降釋弓反位弟子委矢如初大夫之矢則兼束之以茅上握焉兼束大夫矢優之是以不拾也束於握上則兼取之順羽便也握謂中央也不東主人矢不可以殊於賓也言大夫之矢則矢有題識也肅慎氏貢楛矢銘其括今文上作尚　疏　司馬至握焉○注兼束至作尚○釋曰自此盡司馬乘矢論取矢之事云束于握上則兼取之順羽便也者握上則兼取之順持之處今東於握之上取持於中央握之向下順羽便故乘矢總束之也云不東主人矢不可以殊於賓也者主人鄉大夫則是大夫官當東之不敢殊别於賓若主人是州長則士自然不東也肅慎氏者國語文引之者證矢有題識以有題識故東者得知是大夫之矢也

儀禮（儀禮十二）

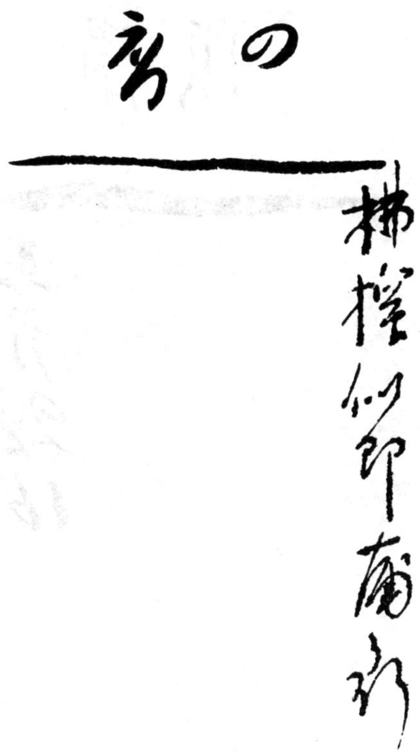

肅慎

東方 22 16

土著民族

# 韦の

楛矢要的伯楛

說文句讀木部楛

第四

南齊
北齊
淮擾
氐羌
隋書補注出之之之之

の

肅復

書疏奉悉、承示年終筆[illegible]、周年紀[illegible]、尤所[illegible]

[illegible]課 講[illegible]均[illegible] 師[illegible]二十紀[illegible]周[illegible]

大[illegible]力[illegible] 山海經 說苑 釋[illegible][illegible]尼[illegible]降[illegible]

[illegible]子之[illegible]謂

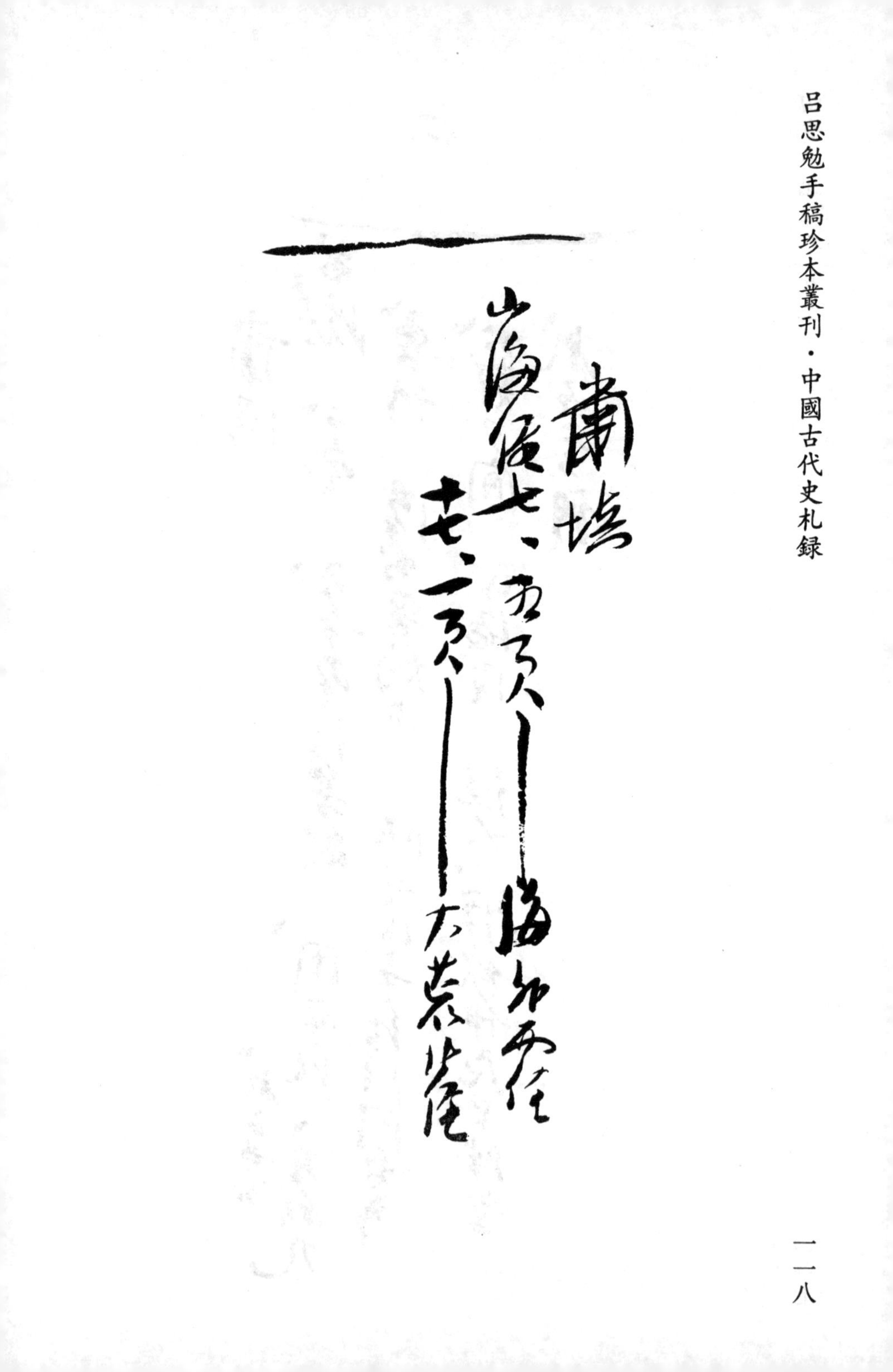

肅慎

山海經七、[illegible]——海外西經

十七、[illegible]——大荒北經

四裔（北）二　札二

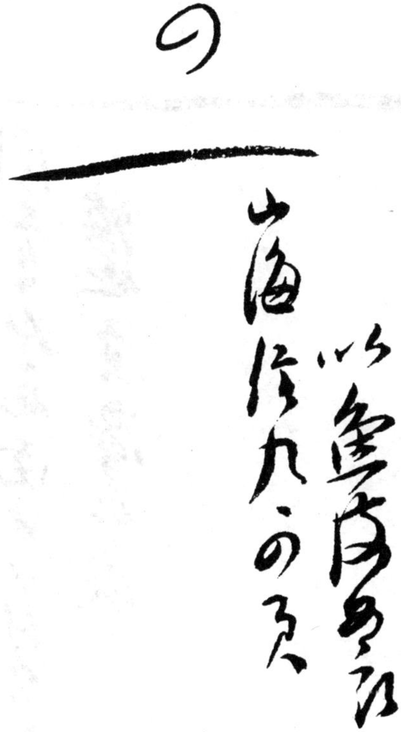

穆傳

周穆王令西面世氏北方獵塡大麈　發白獵塡蜀

隨之貢麈似鹿

四裔（北）二 札二

敗越王勾踐會稽有隼集于陳廷而死楛矢貫之石砮矢長尺有咫【集解】韋昭曰隼鷙鳥今之鶚也楛木名砮鏃也以石爲之八寸曰咫楛矢貫之墜而死【正義】隼音筍

乾隆四年校刊　史記卷四十七　孔子世家　二十一

毛詩義疏鶻齊人謂之擊征或謂之題肩或曰省鶚春化爲布穀此屬數種皆爲隼陳湣公使使問仲尼【索隱】家語國語皆作陳惠公非也按惠公以魯昭元年立定四年卒又按系家湣公十六年孔子適陳十三年亦在陳則此湣公爲是仲尼曰隼來遠矣此肅慎之矢也【正義】肅愼國記云肅愼其地在夫餘國東北河六十日行其弓四尺强勁弩射四百步今之靺鞨國方有此矢昔武王克商通道九夷百蠻【集解】王肅曰九夷東方夷有九種也百蠻夷狄之百種使各以其方賄來貢【集解】王肅曰各以其方面所有之財賄而來貢使無忘職業於是肅愼貢楛矢石砮長尺有咫先王欲昭其令德以肅愼矢分大姬【集解】韋昭曰大姬武王元女也配虞胡公而封諸陳分同姓以珍玉展親【集解】韋昭曰展重也玉謂若夏后氏之璜分異姓以遠方職使無忘服【集解】王肅曰使無忘服從於王也故分陳以肅愼矢試求之故府果得之【集解】韋昭曰故府舊府也孔子

害足下之信章君之惡而傷私義二者無一可而先生行之必且輕於齊而累於楚矣且齊東有巨海【索隱】有作渤澥林云渤音渤小洲曰渤謂東有大海
之濱也南有琅邪【集解】郭璞曰山名在琅邪界【正義】山名在密州東南百三十里琅邪臺在山上觀乎成山【集解】徐廣曰在東萊不夜縣【索隱】張揖云觀闕也於山上築宮闕郭璞言在小游觀音一喚反【正義】封禪書云成山斗入
海言上山觀也括地志云成山在萊州文登縣東北百八十里也射乎之罘【集解】駰案漢書音義曰之罘山在牟平縣射獵其上也【正義】括地志云罘山在萊州文登縣西北百九十里言射獵其上也罘音浮浮勃澥【集解】駰案漢書音義
曰海別枝名也【索隱】案齊都賦云海旁曰勃斷水曰澥也游孟諸【集解】郭璞曰宋之藪澤名【正義】周禮職方氏青州藪曰望諸鄭玄云望諸孟潴也邪與肅慎為鄰【正義】邪謂東北接之括地志云靺鞨國古肅慎也亦曰挹婁在京東
北八千四百里南去扶餘千五百里東及北各抵大海也右以湯谷為界【正義】言右者北向天子也海外經云湯谷在黑齒北上有扶桑木水中十日所浴張揖云日所出也許慎云熱如湯秌田乎青丘彷徨乎海外
【正義】服虔云青丘國在海東三百里郭云山名上有田亦有國出九尾狐在海外吞若雲夢者八九其於胸中曾不蔕芥【索隱】張揖云蔕芥刺鯁也郭璞云言不覺有也若乃俶儻瑰偉異方殊
類珍怪鳥獸萬端鱗萃充牣其中者不可勝記禹不能名契不能計【正義】禹為堯司空辨九州土地山川草木禽獸契為司徒敷五教主四方會計言二人猶不能名計其數然在諸
侯之位不敢言游戲之樂苑囿之大先生又見客【索隱】先生指子虛也如淳曰見賓客禮待故也李奇曰言見先生是賓客之也是以王辭而不能復【索隱】郭璞曰復答也何為無
用應哉無是公听然而笑【集解】郭璞曰听笑貌也【索隱】听音斷又音牛隱反曰楚則失矣齊亦未為得也夫使諸侯納貢者非為財幣所以述職也封疆
畫界者非為守禦所以禁淫也今齊列為東藩而外私肅慎捐國踰限越海而田其於義故未可也且二君之論不務明君臣之
義而正諸侯之禮徒事爭游獵之樂苑囿之大欲以奢侈相勝荒淫相越此不可以揚名發譽而適足以貶君自損也且夫齊楚
之事又焉足道邪君未睹夫巨麗也獨不聞天子之上林乎左蒼梧右西極【集解】郭璞曰西極國也【正義】文穎云蒼梧郡屬交州在長安東南故言左爾雅云西至於豳國為極在長
安西故言右丹水更其南【集解】駰案漢書音義曰丹水出上洛冢領山紫淵徑其北【集解】郭璞曰紫淵所未詳【正義】山海經云紫淵水出根耆之山西流注河文穎云西河穀羅縣有紫澤其水紫色注亦紫在縣北於長安為北
終始霸滻出入涇渭【索隱】張揖曰霸出藍田西北而入渭滻亦出藍田谷北至霸陵入霸霸滻二水盡於苑中不出故云終始也涇渭二水從苑外來又出苑去也涇水出安定涇陽縣幵頭山東至陽陵入渭渭水出隴西首陽縣鳥鼠山
東北至華陰入河酆鄗潦潏【集解】郭璞曰皆水流貌音決【索隱】張揖曰豐水出鄠縣南山豐谷北入渭鎬水在昆明池北郭璞云鎬水豐水下流也應劭云潦流也潏遹出聲也案張揖云潏水出南山姚氏云潦或作澇澇水出鄠縣北注渭潏
水出杜陵今名沉水自南山皇子陂西北流注昆明池入渭案此下文八川分流則從涇渭霸滻豐鎬潦潏為八晉灼則云計從丹水以下至潏除潦為行潦凡九從霸滻以下為數凡七案今潏既是水名唯丹水紫淵自霸以下通數適足八川是經營
乎其內也又潘岳關中記曰涇渭霸滻豐鎬潦潏上林賦所謂八川分流也紆餘委蛇經營乎其內蕩蕩兮八川分流相背而異態【集解】郭璞曰八川名在上東西南北馳騖往
來出乎椒丘之闕行乎洲淤之浦【集解】郭璞曰椒丘丘名言有巖闕也見楚辭淤亦洲名蜀人云方言【索隱】服虔云丘名也案高山之崇起象雙闕故云椒丘之闕楚詞曰馳椒丘且焉止息是也如淳云丘多椒也徑
乎桂林之中【集解】郭璞曰桂林林名也見南海經也過乎泱莽之野【集解】駰案漢書音義曰山海經所謂大荒之野汩乎渾流順阿而下【集解】郭璞曰阿大陵赴隘陝之口觸穹石



史記司馬相如列傳

の

南方祝融
西方蓐收
北方禺彊
东方句芒

见山海经六、七、八、九卷末

愚案此见大荒北方之极曰山山经了

山山之外言山山狭山山云云乃物亦

（尚書大傳）東方之極自碣石東至日出榑木之野帝太皞神句芒司之……南方之極自北戶南至炎風之野帝炎帝神祝融司之……中央之極自昆侖中至大室之野帝黃帝神后土司之……西方之極自流沙西至三危之野帝少皞神蓐收司之……北方之極自丁令北至積雪之野帝顓頊神元冥司之…… 明黃佐六藝流別卷十七五行篇

（尚書大傳輯校）案明六藝流別……篇題下云伏生尚書大傳紀帝舜令禹攝政初祀事（又）……此文繳而數伏書文時與伏書相複他書亦無有特引者惟皇覽稍逸彼與此文同皆可疑也

函都三山

の

山海經八卷

第四

一 鹽鐵

漢初鹽鐵[illegible]

一 [illegible]

此山經水行若干里

崖後三四日又大北水行四百里来

弟の

當是封嚴道也之秦惠王卒太子武王立逐張儀魏章而以樗里子甘茂爲左右丞相秦使甘茂攻韓拔宜陽使樗里子以車百乘入周周以卒迎之意甚敬楚王怒讓周以其重秦客游騰爲周說楚王曰【索隱】游騰名智伯之伐仇猶【集解】許慎曰仇猶夷狄之國【索隱】高誘注戰國策以爲仇猶爲厹由韓子作仇由地理志臨淮有仇猶縣也【正義】括地志云并州盂縣外城俗名原仇山亦名仇猶夷狄之國也韓子云智伯欲伐仇猶國道險難不通乃鑄大鐘遺之載以廣車仇猶大悅除塗內之赤章蔓支諫曰不可此小所以事大而今大以遣小卒必隨不可不聽遂內之蔓支因斷轂而馳至十九日而仇猶亡也遺之廣車【集解】駰案戰國策曰智伯欲伐仇猶遺之大鐘載以廣車周禮曰廣車之萃鄭玄曰廣車橫陳之車因隨之以兵仇猶遂亡何則無備故也齊桓公伐蔡號曰誅楚其實襲蔡今秦虎狼之國使樗里子以車百乘入周周以仇猶蔡觀焉故使長戟居前彊弩在後名曰衞疾【正義】防衞樗里子而實囚之且夫周豈能無憂其社稷哉恐一旦亡國以憂大王楚王乃悅秦武王卒昭王立樗里子又益尊重昭王元年樗里子將伐蒲【索隱】紀年云樗里疾圍蒲不克而秦惠王薨事與此合【正義】蒲故城在滑州匡城縣北十五里即子路作宰地蒲守恐請胡衍【索隱】胡衍

史记樗里子甘茂列传

可汗可敦

白樂天詩咸安公主號可敦遠為

可汗頻奏論上可字自注胡賈反

下可字自注音克

北海

崖隱三讀頁敷題之

山

賈捐之棄珠厓對

屬爲郡久矣今背畔逆節而云不當擊長蠻夷之亂虧先帝功德經義何以處之師古曰於六藝之內當何者之科條也捐之對曰臣幸得遭明盛之朝蒙危言之策無忌諱之患師古曰危言直言也言出而身危故云危言論語稱孔子曰邦有道危言危行敢昧死竭卷卷師古曰卷讀與拳同臣聞堯舜聖之盛也禹入聖域而不優臣瓚曰禹之功德裁入聖人區域但不能優泰耳故孔子稱堯曰大哉韶曰盡善禹曰無間師古曰論語稱孔子曰大哉堯之爲君也又曰韶盡美矣又盡善也又曰禹吾無間然矣韶舜樂名間音工莧反以三聖之德地方不過數千里西被流沙東漸于海朔南暨聲教迄于四海師古曰此引禹貢之辭漸入也一曰浸也朔北方也暨及也迄至也欲與聲教則治之不欲與者不彊治也師古曰與讀曰豫故君臣歌德師古曰言皆有德可歌頌含氣之物各得其宜武丁成王殷周之大仁也師古曰武丁殷之高宗然地東不過江黃西不過氐羌南不過蠻荊北不過朔方是以頌聲並作視聽之類咸樂其生越裳氏重九譯而獻晉灼曰遠國使來因九譯言語乃通也張晏曰越不著衣裳慕中國化遣譯來著衣裳也故曰越裳也師古曰張說非也越裳自是國名非以襃衣裳始爲稱號王充論衡作越嘗此則不作衣裳之字明矣此非兵革之所能致及其衰也南征不還師古曰謂昭王也爲楚所溺也齊桓捄其難師古曰謂襄王也初爲太子而惠王欲立王子帶齊桓公爲首止之盟以定太子之位事在左傳僖五年○宋祁曰注文五年當作九年孔子定其文張晏曰孔子作春秋夷狄之國雖大自稱王者皆貶爲子以至乎秦興兵遠攻○宋祁曰郭本去乎字似兩通貪外虛內務欲廣地不慮其害然地南不過閩越北不過太原而天下潰畔禍卒在於二世之末師古曰卒終也長城之歌至今未絕

# 史林

## ●老羌故事

老圃

羌者。西方遊牧之族。其字從羊從人。或謂俄羅斯卽古之丁零。丁零本羌族。故呼俄國紙幣曰羌帖。此說非也。俄羅斯當稱老羌。僅言羌者。省詞也。與西方遊牧之羌無涉。吳兆騫秋笳集巴大將軍東征邏察詩注云。邏察一名老羌。後集云。康熙甲辰春。幕府以老羌之警。治師東伐。此所謂老羌。皆指俄羅斯而言。故盛京通志。俄羅斯所出之蘇。雀謂之老槍雀。阿拉素菘謂之老槍菜。老槍亦卽老羌。皆譯音也。

就其國而言。謂之邏察。羅刹。就其人而言。謂之老羌。老槍。其語源則同。老羌與我國接壤。文化交換。不自今日始。海禁以後。中華學生赴俄京留學。海禁以前。俄國學生赴北京留學。此兩國文化交通特異之處。康熙時。俄羅斯人遣人至中國學痘醫。在京城肄業。又學蒙古接骨大夫。蓋傷科也。雍正五年。俄羅斯遣官生魯喀。佛多德宜宛喀喇。希木。四人來學。卽舊會同館設學四裔考載。雍正五年修京城俄羅斯館。來京讀書幼童及教習等官給養贍。願回者聽。國子監則例。載雍正六年俄羅斯遣子弟入學。其替換由俄羅斯揀選。送庫倫辦事大臣代奏。會典載國子監鄂羅斯助教二人。掌分教鄂羅斯子弟。凡此云云。在歐洲諸國中。實惟俄羅斯有之。乃知兩國交際。不與他國同也。

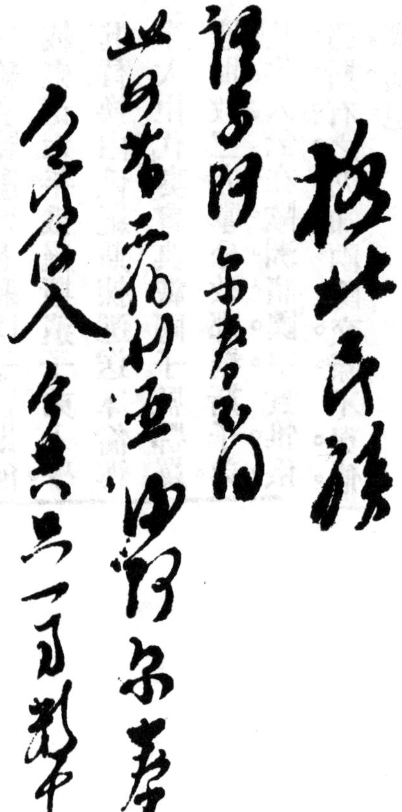

通考鈔

罽倫事｜作麾

罝斥｜伐、大｜魚皮

種甘汗勝糾糾豨羗魚皮

本四

陳傳南遷159至169

內蒙、屋史

蒙古旗制

內蒙古之部四十六旗曰內札薩克旗外八十二旗

每旗有札薩克—蒙語管印之意—王公貝勒貝子台吉為之 不論概稱

同級

科布多二十七旗

唐努烏梁海五旗

唐努旗

肯木次克旗

薩拉吉克旗

陶吉旗

庫布蘇泊爾旗

達賴喇嘛以畢生歸依佛以在庫倫坐內

蒙語謂旗為和碩，某旗為某和碩。其旗長之詞謂以蒙古語譯蒙古（每劄加蒙語）

人亦某名大之意。蓋蒙清之人名多見史籍，於滿洲中左右翼蒙古名

稱謂記載

知蒙古和碩倫之稱，以旗長人名或用其名號

何以蒙古和碩相沿？蒙語謂人名相通，在土地名人名亦為印信，均仿蒙古葛根

公諸譯。喀爾喀之札薩克盟，有加蒙古葛根，不過為葛根，伊克為大，葛根

蒙古葛根，那吉雅以葛根，達賴葛根，如名何當何異

東西盟何異讀

# 旗

外蒙每旗乃數十蘇木，蘇木二、三百至五千戶，共有人口四千萬戶，乃五千戶查核

萬戶，每二十戶為一旗

一旗有四五蘇木，廿五名可成一蘇木時——大旗十餘旗由此分

每旗均有設管印一員，民國蘿各名為，其乃為札薩克　梅林

東蒙　坤敦等　所受本旗之輔

考

人稱志 37 38

弟

身如　因弟（12）22

郯秋（19）42

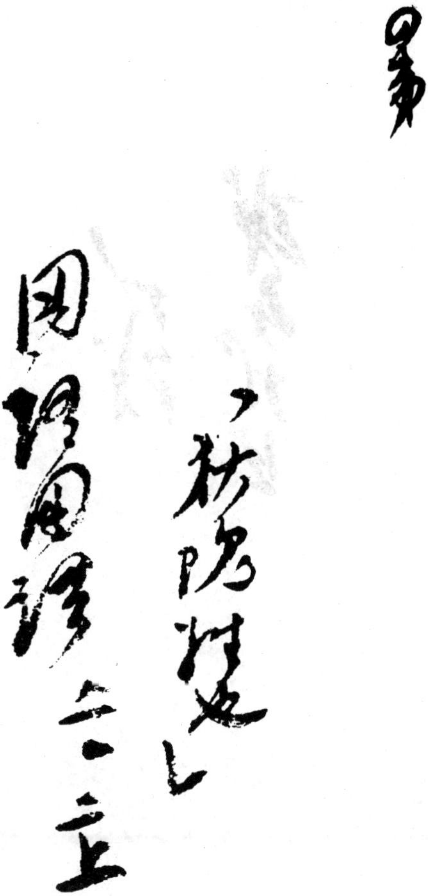

## ◉端午雜談（二）

老圃

吾鄉婦孺相傳。有五月五日殺韃子之說。謂古者每十家供養三韃子。衣於斯。食於斯。視漢人如奴隸。辱及婦女。漢人不勝其憤。陰謀去之。約定於五月五日門上掛蒲劍爲號。一時漢人羣起殺韃子。韃子殲焉。此說蓋無稽。所謂韃子者。亦不知何所指。考元史統兵諸將。往往於所駐之地。掠人戶爲奴。所占之戶。動以千萬計。雖明令禁止。或隨時放出。然此風迄未盡革。雷膺傳言江南新附。諸將往往强籍新民爲奴隸。此殆養韃子之說所由來。意者元明兵亂之際。漢族羣起而攻之。故相傳有此說也。又金人入主中國。以種人設明安穆昆分領之。使散處中原。其後以武力強占民田。及宣宗時金勢不振。失田者羣起殺種人。元遺山謂顧盼之傾。皆死於鋒鏑之下。雖赤子亦不免。完顏懷德碑謂民間讐撥地之怨。睚眦種人。期必殺而後已。尋蹤捕影。不二三日。屠戮淨盡。豈所謂殺韃子者。即指此而言耶。

[redacted]

胡｜讀句奴

粵無鎛燕無函秦無廬胡無弓車此四國者不置是工也鎛田器詩云庤乃錢鎛又曰其鎛斯摑鄭司農云函讀如國君含垢之含函鎧也孟子曰矢人豈不仁於函人哉矢人唯恐不傷人函人唯恐傷人廬讀爲纑謂矛戟柄竹欑柲或曰摩鑢之器胡今匈奴○粵音越鎛音博注及後同燕音烟函戶南反後同廬魯吳反下皆同本或作蘆庤直里反錢子淺反摑音趙一音大了反垢工戶反鎧苦大反纑音盧下同欑才官反李音纂柲音秘劉音筆鑢力庶反

【疏】粵無至弓車○釋曰此經與下經爲目此粵越國乃是古之語辭之曰即今之越字也言無鎛無函無廬無弓車謂無此鎛官函官之等也○注此四至句奴○釋曰鄭知此四國不置是官者取下經覆解是不置之事知鎛田器者越地多泥用此鎛者多故下云夫人而能爲鎛故知鎛田器是以引詩云庤乃錢鎛彼注云錢銚鎛鎒又曰詩云其鎛斯摑彼注摑刺也引之者證鎛爲田器非鍾鎛者也先鄭云函讀如國君含垢之含者按左氏宣公十四年秋九月楚子圍宋十五年宋人使樂嬰齊告急于晉晉侯欲救之伯宗曰不可又曰川澤納汙山藪藏疾瑾瑜匿瑕國君含垢天之道也彼勸晉侯忍不救宋之事引之證含是含容之義也引孟子者證函是甲之意云廬讀爲纑者纑縷之纑取細長之義也云謂矛戟柄竹欑柲者按下廬人云爲廬器戈長六尺有六寸惟言殳戟矛柄之等故知爲戟柄也云竹欑柲者漢世以竹爲之欑欑謂柄之入銎處柲即柄也云或曰者或有人解廬磨鑢之器者但柄須磨鑢使滑故爲此釋引之在下者得爲一義故也

粵之無鎛也非無鎛也夫人而能爲鎛也燕之無函也非無函也夫人而能爲函也秦之無廬也非無廬也夫人而能爲廬也胡之無弓車也

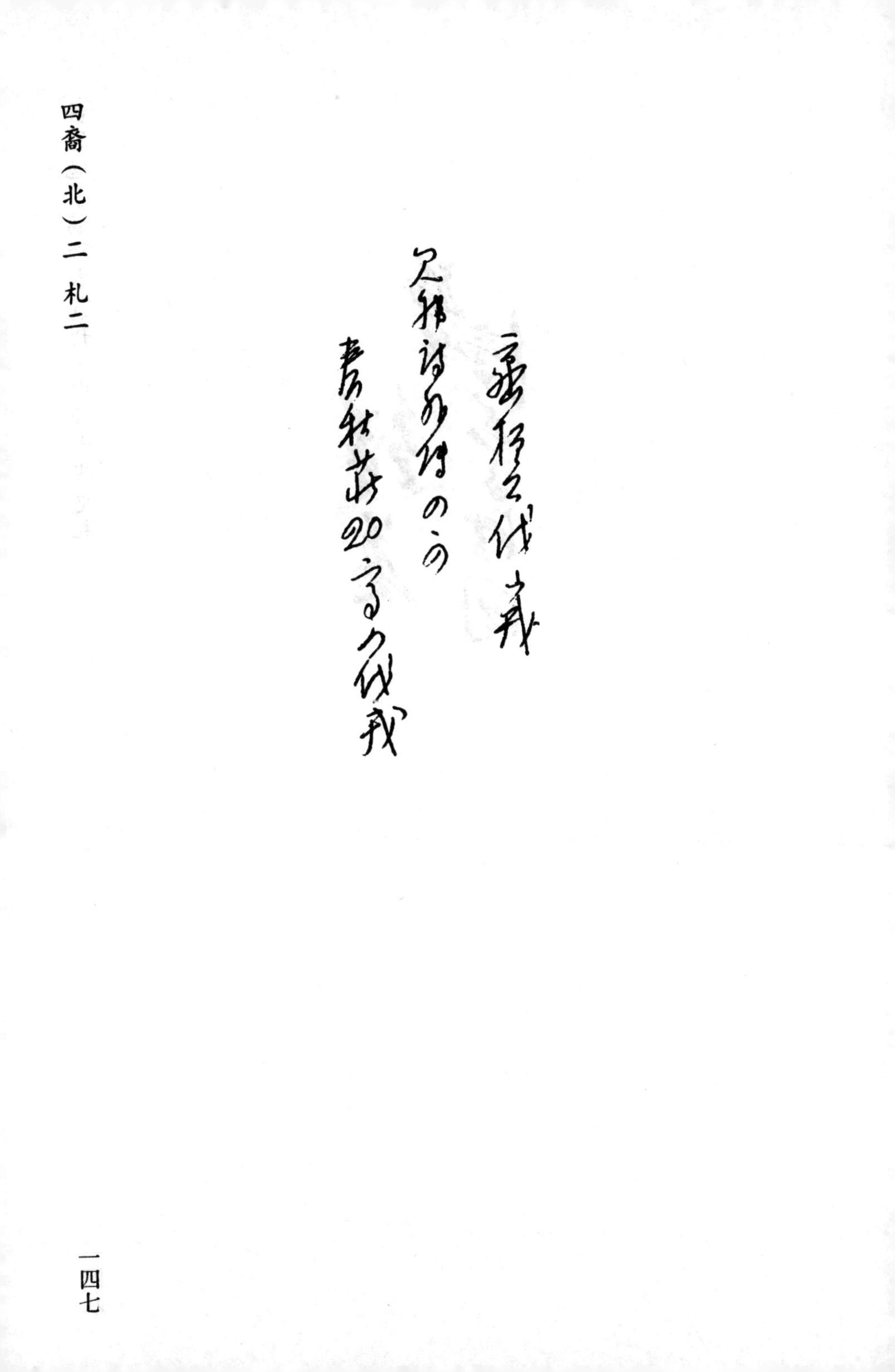

齊桓之伐戎

又韓詩外傳のの

春秋莊20齊人伐戎

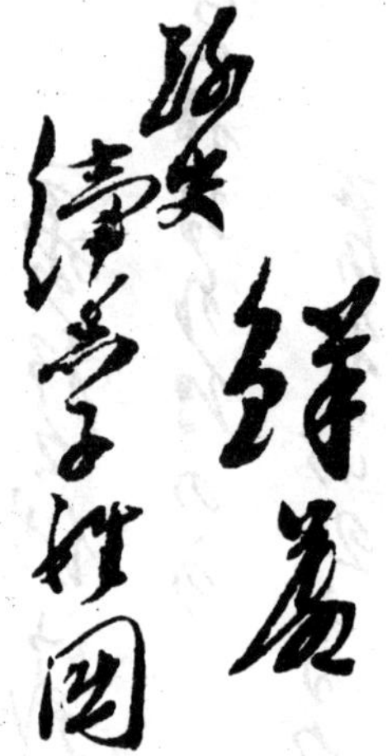

天漢

二年春行幸東海還幸回中夏五月貳師將軍三萬騎出酒泉與右賢王戰于天山晉灼曰在西域近蒲類山里師古曰即祁連山也

亦音空叔反今鮮卑語尚然斬首虜萬餘級又遣因杅將軍出西河騎都尉李陵將步兵五千人出居延北與單于戰斬首虜萬

敗降匈奴

經

追貊

彼韓城燕師所完師衆也箋云溥大燕安也大矣彼韓國之城乃古平安時衆民之所築完○溥音普燕於見反注同徐云鄭於顯反王肅孫毓並烏賢反云北燕國完音桓○以先祖受命因時百蠻王錫韓侯其追其貊奄受北國因以其伯韓侯之先祖武王之子也因時百蠻長是蠻服之百國也追貊戎狄國也奄撫也箋云韓侯先祖有功德者受先王之命封爲韓侯居韓城爲侯伯其州界外接蠻服因見使時節百蠻貢獻之往來後君微弱用失其業今王以韓侯先祖之事如是而韓侯賢故於入覲使復其先祖之舊職賜之蠻服追貊之戎狄令撫柔其所受王畿北面之國因以其先祖侯伯之事盡予之皆美其爲人子孫能興復先祖之功其後追也貊也爲玁狁所逼稍稍東遷○追如字又都回反貊武伯反說文作貉云北方人也長張丈反令力呈反玁本亦作獫音險允如字本亦作狁實墉實壑實畝實籍實墉實壑言高其城深其壑也箋云實當作寔趙魏之東實寔同聲寔是也籍稅也韓侯之先祖微弱所受之國多滅絕今復舊職興滅國繼絕世故築治是城濬修是壑井牧是田畝收斂是賦稅使如故常○實毛如字鄭作寔市力反下同壑火各反城池也濬音峻深也獻其貔皮赤豹黃羆貔猛獸也追貊之國來貢而侯伯總領之○貔本亦作豼音毗卽白狐也一名執夷草木疏云似虎或曰似熊遼東人謂之白羆

疏溥彼至黃羆○正義曰此言韓侯既受賜歸國行政之事也可美大矣彼韓國所居之城乃於古昔平安之時天下衆民之所築完言其城有之已久矣宣王以此韓侯之先祖嘗受王命爲一州侯伯既治州內之國因又使之時節百蠻之國其有貢獻往來爲之節度也以韓侯先祖如此故今王賜韓侯北方有其追貊之夷狄亦令時節之也使之撫安其所受王畿北面之國因以其先祖爲侯伯之事而盡與之言韓侯之賢能復先祖舊職也既爲侯伯以時節百蠻韓侯於是令其州內所有絕滅之國高築是城濬深是壑正是田畝定是稅籍皆使之復於故常又令百蠻追貊獻其貔獸之皮及赤豹黃羆之皮韓侯依舊法而總領之美韓侯之賢而王命得人也○箋溥大至築完○正義曰溥大釋詁文燕禮所以安賓故燕爲安也此言溥猶生民之言誕故云大矣爲歎美之辭韓城之言爲下而發則韓侯先祖亦居此城故知燕師所完是古昔平安之時衆民共築而完之據於時尚不毀壞故言完也本於古上或有太衎字也定本亦無太字○傳韓侯至奄撫○正義曰傳二十四年左傳曰邘晉應韓武之穆也是韓侯之先祖武王之子也以言先祖受命故本之始封之君言初爲韓君者受此侯伯之命也言因時百蠻者本立侯伯主治州內因主外夷故云因也因時百蠻者與百蠻爲時節是爲之宗長以總領之故云長此蠻服之百國也四夷之名南蠻北狄散則可以相通故北狄亦稱蠻也周禮要服一曰蠻服謂第六服也言蠻服謂蠻夷之在服中於周禮則夷服鎭服非周禮之蠻服也何則周禮蠻服猶在九州之內自當州牧主之非復時節而已且不得言因此言因時則非州內故知於周禮爲夷鎭之服卽大行人所云九州之外謂之蕃國是也皐陶謨云外薄四海咸建五長下曲禮云其在東夷北狄西戎南蠻雖大曰子注云謂九州之外長也天子亦選其賢者以爲之子子猶牧也然則蠻夷之內自有長牧以領之而此又言中國之侯伯長之者夷中雖自有長而國在九州之外來則由於中國其時節早晚執贄多少之宜皆請於所近州牧由之而後至京以非專屬故云因時以其統之故稱長也知追貊戎狄之國者以貊者四夷之名論語云蠻貊之邦魯頌云淮夷蠻貊是貊爲夷名而追與之連文故知亦是戎狄此追貊是二種之大名耳其種非止一國亦是百蠻之大總也奄者撫有之言故以爲撫謂撫柔之也○箋韓侯至東遷○正義曰以韓侯先祖嘗爲侯伯以是之故命韓侯亦由韓侯有德能復祖舊業此一經皆言得王命復舊職之事爲下四句施政張本於先祖言因時百蠻則今命韓侯亦時百蠻也其追其貊卽是百蠻之國百蠻言因時明追貊亦因時也於韓侯言奄受北國則先祖亦受北國以文見於下故上空其文也末言因以其伯謂因以先祖伯事與之是今之韓侯盡復舊矣韓是武王之子其封當在成王之時其命爲侯伯或成或康未知

定何時也因見使之時節百蠻明州界外接蠻服也時節百蠻貢獻往來謂來則使人致之於王往則使人送之返國制其貢獻之數而爲其來去之節也今王復命韓侯明是往前失職故云後君微弱用失其業謂不得爲侯伯也不知何世先之故漫言後君耳若使韓侯之先不爲侯伯今王未必命此韓侯若使此韓侯不賢自然王不錫命此則今古相須故云今王以韓侯先祖之事如是而韓侯賢故於入覲使復其先祖之舊職也上言百蠻下言追貊則知追貊卽百蠻故云

賜之蠻服追貊之戎狄夏官職方氏正北曰并州言受王命北面之國當是并州牧也以其先祖侯伯之事盡與之正謂撫北國時百蠻是侯伯之事盡得之也皆美其爲人子孫能興復先祖之功總解一經之意也言其後追也貊也爲獫夷所逼稍稍東遷者以經傳說貊多是東夷故職方掌四夷九貊鄭志答趙商云九貊卽九夷也又秋官貊隸注云征東北夷所獲是貊者東夷之種而分居於北故於此時貊爲韓侯所統魯頌云淮夷蠻貊莫不率從是於魯僖之時貊近魯也至於漢氏之初其種皆在東北於并州之北無復貊種故辨之獫狁之最强故知爲獫夷所逼定本集注皆作獫狁字○傳實墉至其壑○正義曰墉者城也故云高其城壑卽城下之溝釋言云隍壑也舍人曰隍城池也壑溝也李巡曰隍城池壑也易泰卦上六城復于隍注亦云隍壑也○箋實當至故常○正義曰凡言實者已有其事可後實之今此方說所爲不宜爲實故轉爲寔訓之爲是也趙魏之東實寔同聲鄭以時事驗之也春秋桓六年州公寔來而左傳作實來是由聲同故字有變異也宜十五年公羊傳曰什一而籍是籍爲稅之義也上論韓城旣完則實墉實壑非韓之城壑自然是所部諸國之城壑也今言脩之明是往前絕滅今韓侯旣復舊職而興繼之也厲王之時斬伐四國韓之所統又近於北夷明有絕滅者也故美韓侯能築城脩壑治田收斂使如故常也若然州牧擇州中賢者爲之不必繼世爲牧韓之先祖自徵他國當自爲之而得使諸侯絕滅者以夷厲之時天子不明亦無賢伯公羊傳所謂上無明天子下無賢方伯是也○傳貔猛至領之○正義曰釋獸云貔白狐其子穀郭璞曰一名執夷虎豹之屬陸機疏云貔似虎或曰似熊一名執夷一名白狐遼東人謂之白羆赤豹毛赤而文黑謂之赤豹毛白而文黑謂之白豹羆有黃羆有赤羆大於熊其脂如熊白而麤理不如熊白美也貔皮之上言獻其則豹羆亦獻之貔言皮則豹羆亦獻皮也禹貢梁州貢熊羆狐狸是中國之常貢此則北夷自以所有而獻之所謂各以貴寶也

韓奕六章章十二句

其萬物生得其宜本之於陰陽所以異也此二十二篇小雅之正經王者行之所以養中國而威四夷今盡廢事不行則王政衰壞中國不守四方夷狄來侵之中夏之國微弱矣言北狄所以來侵者爲廢小雅故也厲王廢之而微弱宣王能禦之而復興故博而詳之而因明小雅不可不崇以示法也此篇北伐下篇南征蠻狄之侵則有之矣其戎夷則小雅無其事厲王之末天下大壞明其四夷俱侵也江漢命召公平淮夷明是厲王之時淮夷亦侵也雅無戎侵之事蓋作者所以不言耳假使無戎侵亦得言四夷矣定本此序注云言周室微而復興美宣王之北伐也案集本及諸本並無此注首章傳曰日月爲常周禮王建太常二章傳曰出征以佐其爲天子是自於己之辭觀此則毛意此篇王自征也卒章傳曰使文武之臣征伐與孝友之臣處內言與似其留不去之辭者王肅云宣王親伐玁狁出鎬京而還使吉甫迫伐追逐乃至於太原如肅意宣王先歸於京師吉甫還時王已處內故言與孝友之臣處內也肅以鎬爲鎬京未必是毛之意其言宣王先歸或得傳旨不然不得載常簡閱遣將獨行也則毛意上四章說王自親行下二章說王還之後遣吉甫行也故三章再言薄伐上謂王伐之下謂吉甫伐之也鄭以爲獨遣吉甫王不自行王基郞鄭之徒也云六月使吉甫采芑命方叔江漢命召公唯常武宣王親自征耳孔晁云王親自征耳孔晁王肅之徒也言六月王親行常武王不親行故常武曰王命卿士南仲太祖太師皇父非王親征也又曰王奮厥武王旅嘽嘽皆統於王師也又王曰還歸將士稱王命而歸耳非親征也案出車文王不親而經專美南仲此篇亦專美吉甫若將師之從王而行則君統臣功安得言不及王而專歸美於下若王自親征飲至大賞則從軍之士莫不在焉何由吉甫一人獨多受祉故鄭以此篇爲王不親行也常武言王旅容可統之於王經云赫赫業業有嚴天子說天子之容復何統乎又遣將誓師可稱王意經言王曰還歸車在既克之後事平理自當還在軍將所專制何當假稱王命始還師也以此知常武親征爲得其實孫毓亦以此篇王不自行鄭說爲長

**六月棲棲戎車既飭四牡騤騤載是常服**棲棲簡閱貌飭正也日月爲常服戎服也箋云記六月者盛夏出兵明其急也戎車革輅之等也其等有五戎車之常服韋弁服也○棲音西飭音勑依字從力脩飾之字從巾不同也今人食邊作力以爲脩飾之字借作勑音非騤求龜反閱音悅**玁狁孔熾我是用急**熾盛也箋云此序吉甫之意也北狄來侵甚熾故王以是急遣我○熾尺志反**王于出征以匡王國**箋云于曰匡正也王曰今女出征玁狁以正王國之封畿**疏**六月至王國毛以爲正當盛夏六月之時王以北狄侵急乃自征而禦之簡選閱擇其中車馬士衆棲棲然其所簡練戎車既皆飭正矣戎車所駕之四牡又騤騤然強盛王乃載是日月之常建之於車及兵戎之服以此而伐玁狁也王所以六月簡閱出兵者由玁狁之冦來侵甚熾我王是用之故須急行也王於是出行征伐以匡正王之國也鄭以爲吉甫受命六月北征卽閱士衆棲棲然所簡戎車既齊正矣所乘四馬皆強壯騤騤然乃載是常從戎韋弁之服以出征也吉甫意云所以六月行者以北狄來侵甚盛我王是用遣我之急也王曰今女出征玁狁以正王國之封畿我故盛夏而行也○傳棲棲至戎服○正義曰以棲棲非六月之狀故爲簡閱貌也日月爲常春官司常文謂之王旌畫日月也服戎服也卽以韋弁服也但分爲二事故與鄭異○箋六月至服○正義曰以征伐之詩多矣未有顯言月者此獨言之故云記六



月者盛夏出兵明其急也春官巾車掌王之五路革路以卽戎故知戎車革路之等也春官車僕掌戎路之倅廣車之倅闕車之倅屛車之倅輕車之倅注云此五者皆兵車所設五戎也戎路王在軍所乘廣車橫陳之車闕車所用補闕之車也屛車所用對敵自蔽隱之車也輕車所用馳敵致師之車也是其等有五也吉甫用所乘兵車亦革路在軍所乘與王同但不知備五戎以否鄭因事解之不必備五也言戎車之常服韋弁服者以上言戎車既飭卽載是常服是則戎車載

之故云戎車之常服也言載之者以戎服當戰陳之時乃服之在道未服之司服云凡兵事韋弁服注云韋弁以韎韋爲
弁又以爲衣春秋晉郤至衣韎韋之跗注是也周禮云韋弁皮弁服皆素裳白舄又雜問志云韎韋之不注不讀如幅注
屬也幅有屬者以淺赤韋爲弁又以爲衣而素裳白舄也知淺赤者以詩言韎韐有奭以韎韐茅蒐染之而奭爲赤貌若
不淺則絳故知淺赤也聘禮君使卿韋弁歸饔餼注云韋弁韎韐之弁其服蓋韎布以爲衣而素裳不韎皮爲衣者以卿
之歸饔餼當用皮弁以權事之宜而用韋弁故彼注云兵服也而服之者皮韋同類也取相近耳以皮弁衣故彼韋弁衣
用赤布也以皮韋同類故孝經注曰田獵戰伐冠皮弁援神契云皮弁素積軍旅也皆以皮弁統韋言之若分別言之戰
伐用韋不用皮也此所載者據將帥服耳其餘軍士之服下章言既成我服是也通皆韋皮故坊記注云唯在軍同服耳
知者僖五年左傳曰均服振振取虢之旂是同也禮在朝及齊祭君臣有同服多矣鄭獨言在軍者爲僕右無也以君各
以時服僕右恒朝服至在軍則同故言唯耳不謂通於他事。箋于曰至封畿。正義曰鄭以王不自親征吉甫述王之
辭故言其曰毛氏於詩言于者多爲於爲往所以爲王自征耳言王國者以率土之濱莫非王臣要服之內是王國之封
畿也**比物四驪閑之維則**物毛物也則法也言先教戰然後用師。比毗志反齊同也**維此六月既成我服**

**四牡脩廣其大有顒**脩長廣大也顒大貌。顒玉容反說文云大頭也**薄伐玁狁以奏膚公**奏爲膚大公功也**有嚴有翼共武之服**嚴威嚴也翼敬也箋云服事也言今師之羣帥
有威嚴者有恭敬者而共典是兵事言文武之人備。嚴如字
共鄭如字注下同王徐音恭帥所類反下將帥同後篇放此**共武之服以定王國**箋云定安也

疏四牡至王國。毛以爲王所將戎車
所駕之四牡形容脩長而又廣大其大之貌則有顒然以此之強薄伐玁狁之國以爲天子之大功也非直車馬之強又
有威嚴之將恭敬之臣而共典掌是兵武之事其嚴者威厲衆敬者撫和上下既有此文武之臣共掌兵事以此而往
故當克勝而安定王國

**玁狁匪茹整居焦穫侵鎬及方至于涇陽**焦穫周地接于玁狁者箋云匪非茹度也鎬也方也皆北方地名言玁狁之來侵非
也鄭唯據吉甫爲異
其所當度爲也乃自整齊而處周之焦穫來侵至涇水之北言其大恣也。茹如
豫反徐音如穫音護爾雅十藪周有焦護鎬胡老反王云京師度徒洛反下同

乘繩證反行戶郎反注前行同夏戶雅反鉤古侯反

疏玁狁至啓行。毛以爲王師已行數狄之罪故陳其放恣言玁
服音古今經注作箙無服字以先蘇薦反陳直覲反
狁之所侵者非其意所當度乃整齊而處我周之焦穫之地又
侵鎬及北方之地至於涇水之北侵及近地召爲大甚故以當合征之而將帥以下皆有徽織之衆其文有鳥隼之章以
帛爲行旆央央然鮮明皆有致死之備以行也又有戎車十乘以在軍先欲以啓突敵陳之前行由玁狁之恣而用伐之
鄭唯據吉甫爲異。傳焦至玁狁。正義曰釋地云周有焦穫郭璞曰今扶風池陽縣瓠中是也其澤藪在瓠中而藪外
猶焦穫所以接于玁狁也孫炎曰周岐周也以焦穫繼岐周言之則於鎬京爲西北矣以北狄言之故爲北方耳。箋匪
非至大恣。正義曰以北狄所侵故知鎬也方也皆北方地名也整齊而處之者言其居周之地無所畏憚也鎬方雖在
焦穫之下不必先焦穫乃侵鎬方據在北方在焦穫之東北者在焦穫之內不得爲長遠也水北曰陽故言涇水之北涇
去京師爲近故言大恣毛不解鎬方之文而出車傳曰朔方近玁狁之國鎬方文連則傳意鎬亦北方地也王肅以爲鎬
京故王基駁曰據下章云來歸自鎬我行永久言吉甫自鎬來歸猶春秋公至自晉公至自楚亦從晉楚歸來也故知鎬
非千里之鎬猶以爲遠鎬去京師千里長安洛陽代爲帝都而濟陰有長安鄉漢有洛陽縣此皆與京師同名者也孫毓
亦以箋義爲長

後世所謂征伐祗但驅逐之而已矣

戎車既安如輊如軒四牡既佶既佶且閑輊摯佶正也箋云戎車之安從後視之如摯從前視之如軒然後適調也佶壯健之貌。○輊竹二反佶其乙反又其吉反摯音至薄伐玁狁至于大原言逐出之而已。○大音泰文武吉甫萬邦爲憲吉甫尹吉甫也有文有武憲法也箋云吉甫此時大將也疏戎車至爲憲。○毛以爲王征玁狁既出鎬方玁狁退王身還反而使吉甫逐之故此章更敘車馬之盛言兵戎之車既安正矣從後視之如輊從前視之如軒是適調矣其所駕四牡之馬既正大矣且須復閑習吉甫以此薄伐玁狁敵不敢當遂追奔逐北至于大原之地王師所以得勝者以有文德武功之臣尹吉甫其才畧可爲萬國之法受命逐狄王委任焉故北狄遠去也。○鄭以爲元來吉甫獨行以佶爲壯健爲異餘同。○傳言逐出之而已。○正義曰不言與戰經云至于大原是宣王德盛兵强玁狁奔走不敢與戰吉甫直逐出之而已采芑出車皆言執訊獲醜此無其事明其不戰也莊三十年齊人伐山戎公羊傳曰此蓋戰也何以不言戰春秋敵者言戰桓公之與戎狄驅之耳何休曰時齊桓公力但可驅逐之而已義與此同吉甫燕喜既多受祉祉福也箋云吉甫既伐玁狁而歸天子以燕禮樂之則歡喜矣又多受賞賜也來歸自鎬我行永久飲御諸友炰鱉膾鯉御進也箋云御侍也王以吉甫遠從鎬地來又日月長久今飲之酒使其諸友思舊者侍之又加其珍美之饌所以極勸也。○飲於鴆反注同鱉畢滅反膾古外反鯉音里侯誰在矣張仲孝友侯維也張仲賢臣也善父母爲孝善兄弟爲友使文武之臣征伐與孝友之臣處內箋云張仲吉甫之友其性孝友疏吉甫至孝友毛以爲吉甫逐出玁狁遠出中國有功而歸王以燕禮樂之則歡喜既多受賞賜之福也王所以燕賜之者以其來歸自鎬其處迥遠我吉甫之行日月長久矣故今王飲之酒進其宿在家諸同志之友與俱飲以盡其歡又加之以炰鱉膾鯉珍美之饌燕賜厚矣其所進諸友之中維復誰在其中間矣有張仲其性孝友在焉言吉甫之賢有此善友因燕所任得人外則使文武之臣征伐內則與孝友之臣處內亦所以爲美也。○鄭唯吉甫元帥專征又以御爲侍言飲酒則有侍者諸友舊恩之人以此爲異餘同。○箋御侍至勸之。○正義曰鄭以諸友侍之爲尊崇之意其義勝進故易傳也言加珍美之饌者以燕禮其牲狗天子之燕不過有牢牲魚鱉非常膳故云加之。○箋張仲至孝友。○正義曰箋以侯誰在矣是問吉甫諸友之辭故知張仲吉甫之友也爾雅李巡注云張姓仲字其人孝故稱孝友

六月六章章八句

采芑宣王南征也芑音起徐又求已反【疏】采芑四章章十二句至南征。正義曰謂宣王命方叔南征蠻荆之國上言伐此云征便辭耳無義例也言伐者以彼有罪伐而討之猶執斧以伐木言征者已伐而正其罪故或并言征伐其義一也薄言采芑于彼新田于此菑畝興也芑菜也田一歲曰菑二歲曰新田三歲曰畬宣王能新美天下之士然後用之箋云興者新美之喻和治其家養育其身也士軍士也。菑側其反郭云反草曰菑畬音餘方叔涖止其車三千師干之試方叔卿士也受命而爲將也涖臨師衆干扞試用也箋云方叔臨視此戎車三千乘其士卒皆有佐師扞敵之用爾司馬法兵車一乘甲士三人步卒七十二人宣王承亂羨卒盡起。涖本又作莅音利又音類沈力二反扞胡旦反乘繩證反下一乘同卒子忽反下皆同羨延面反餘也又徐薦反蠢爾蠻荆大邦爲讎蠢動也蠻荆荆州之蠻也箋云大邦列國之大也。蠢尺允反爾雅不遜也方叔元老克壯其猶元大也五官之長出於諸侯曰天子之老壯大猶道也箋云猶謀也謀兵謀也方叔率止執訊獲醜箋云方叔率其士衆執將可言問所獲敵人之衆以還歸也。訊音信戎車嘽嘽嘽嘽焞焞如霆如雷嘽嘽衆也焞焞盛也箋云言戎車既衆盛其威又如雷霆言雖久在外無罷勞也。嘽吐丹反徐音他壔吐雷反又他屯反本又作啍同霆音廷徐音挺又音定罷音皮顯允方叔征伐玁狁蠻荆來威箋云方叔先與吉甫征伐玁狁今特往伐蠻荆皆使來服於宣王之威美其功之多也【疏】蠢爾至來威。正義曰上章未言所伐之國故於此本之言我所伐者乃蠢蠢爾不遜之蠻荆不遜王命侵伐鄰國動爲寇害與大邦爲讎怨列國之大尚到讎怨其傍小國侵害多矣故我方叔天子之大老能光大其軍謀之道以討之既得克勝方叔乃率其士衆執其可言問所獲敵人之衆以還歸也方叔士衆所乘戎車嘽嘽然衆焞焞然盛如霆之發如雷之聲可畏言方叔善於用衆雖久不勞也如此明信之方叔其功大矣昔日共吉甫已征玁狁之國今又特往征伐蠻荆皆使之來服於宣王之威言其每有大功也毛爲猶道鄭以爲猶謀也軍之道亦謀也。傳蠢動。正義曰釋詁文也釋訓云蠢不遜也郭璞曰蠢動爲惡不謙遜也。傳五官至之老。正義曰曲禮下文也引之者以證其稱老之意然則是時方叔爲五官之伯故稱上傳云方叔卿士元老皆兼官也以軍將皆命卿故言卿士爲元帥故以上公兼之

采芑四章章十二句

(拉施特) 西域南海史地考證譯叢 66頁

(多桑) 287頁

祈教

寶教已行於遼

滿蒙古蹟考例

丁戎

薩滿

滿蒙古蹟考 170 171

呼倫貝尔民族　達呼尔（契丹之遺）
李倫　鄂倫春
巴尔虎　布里雅
特　厄魯特

# 満蒙古蹟考

遼有設計薩山教義術

滿蒙古蹟考 146—151 160 161 170

漢人移殖滿蒙

滿蒙古續考 99—104 113—117

滿人現在情形

又 110—113

遼上東中東

滿蒙古蹟考 52—54 134—137

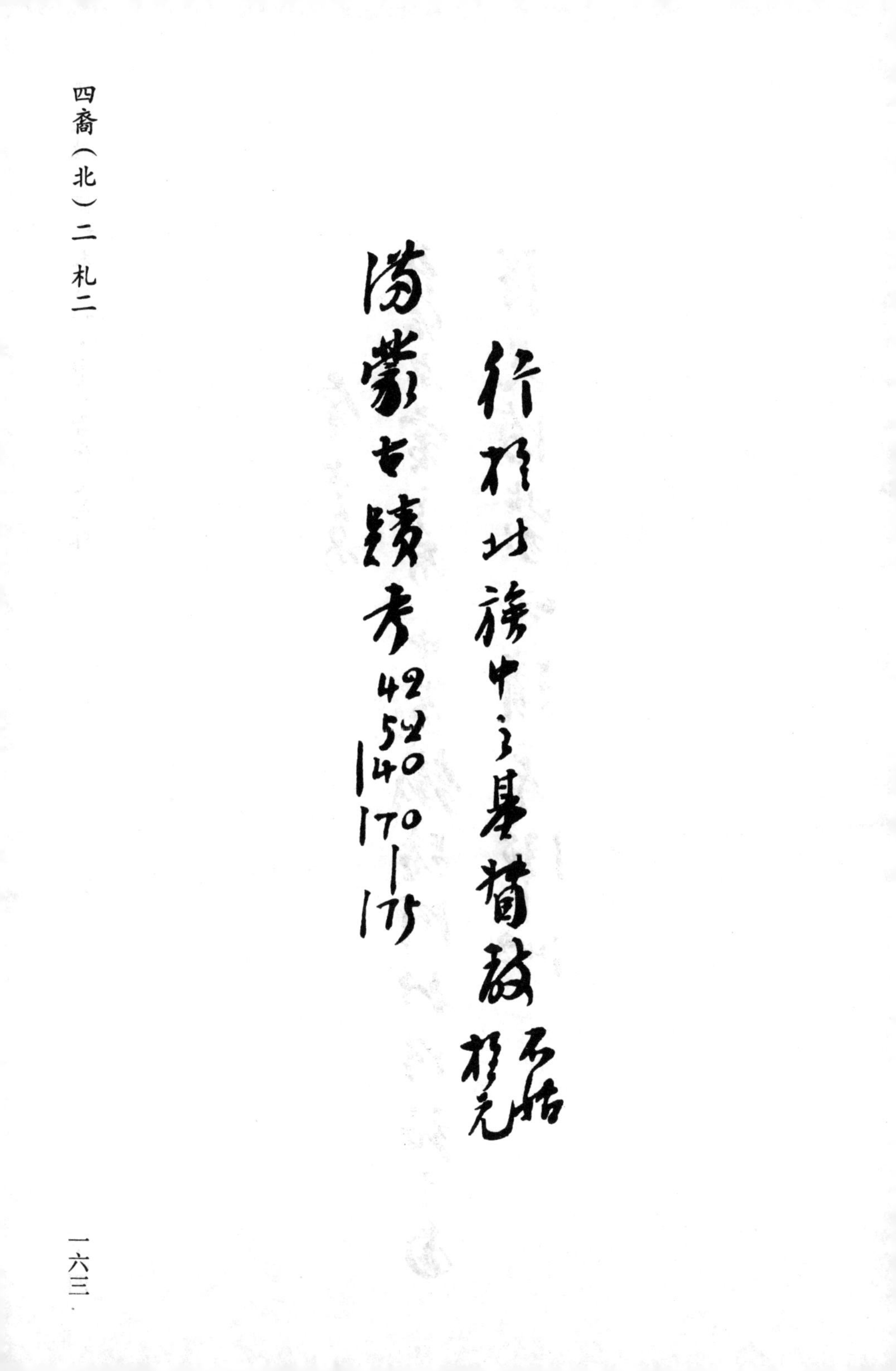

行於北族中之基督教 [illegible]

滿蒙古蹟考 42 52 140 170—175

金上京

在哈爾賓之東 中東鐵路阿什河站之南

詳見滿蒙古蹟考138—142

乃劉

秋稑種

刀劉逵云秋稑種以周禮內宰上春生種稑之種

附：同草本改稑種 左宣十 乙刀跳

獙犰古無此字

癸巳存稿一 獙犰

四裔

穆王

北征渭水陽

冀戎

又四頁

邽戎

又十頁 又十九、卅

驪戎

又十九、廿七

の商一卅

皋落氏 隗戎

水經注の卅一 卅三及

留吁 潞子

濁漳水注十・二の

鼓 昔陽 肥

又五六・廿三 濡水注十九・廿 廿一

東胡

史記趙世家惠文王二十六年取東胡歐代地（正義今營州也）索隱東胡叛趙驅略代地人衆以叛故取之也

弟

中山

國弟三三

止

12

2下

中山

史記趙世家惠文王三年滅中山遷其王於膚施

六国表惠文王の年表ニ與燕共伐中山

○商

武關曰姓國

中山　魏文侯時李克爲中山相見李克之人而

此據汪爲以　十一・十八[illegible]十九頁

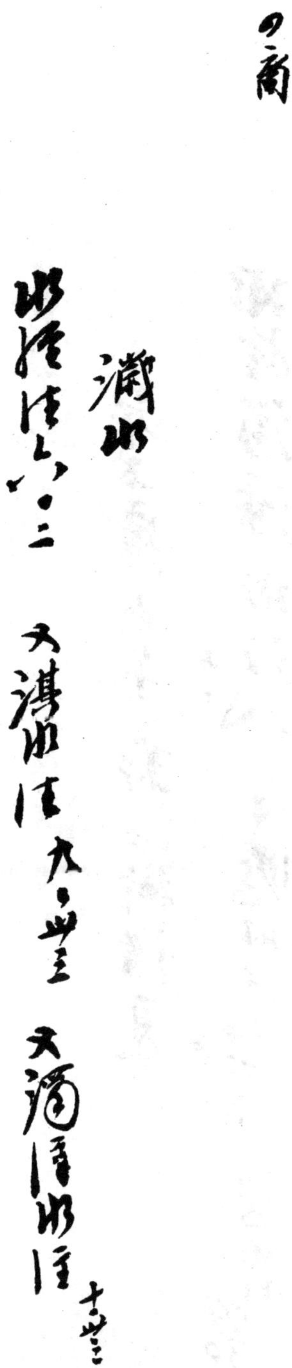

四商

第五庚 中半 鄴 以衛諸夏

水經濁漳水注 十、八

又灃水注 十、十六

渠水注 22/30

民族

清太宗禁称女真只称满洲许 见清纪 蒙纪

陈毅夫流宁古塔时尚不知有帝 杨宾时有其旨

中国民族史

服细缀 20

元须女家一甲、主妇分、华人被迫而婚嫁 83

清禁蒙制汉 100

蒙

法治蒙古

内蒙札薩克直屬理藩院　外蒙隸定邊左副將軍　設庫倫辦事大臣以轄車臣土謝圖

瓦〻喇体似尼茶羅惟語房蒙克麦〻条　中國民族

出238

中國〻尼茶羅種見蒙古來東

の商

蒙古二字之義 中國民族史50 黑達 白達即蒙古里 軍的 乞顏特 赤斤特 卻特 奇渥溫同音。

異理足新元史卷一

蒙人之薙髮67

蒙古本游牧部落其生計程度極爲幼稚經濟思想亦不發達故終元之世好言理財而理財迄不得其法惟知損下以益上朘漢人以私其部族以元室之威力而其主中國不及百年不特不如滿淸且尚不如拓跋魏財政上之失計實其大原因也然其初起時其部落之勤于生業亦有足多者多桑有言蒙古之俗不待耕而食，織而衣生事所資取具畜牧而其畜牧不必出界即婦孺亦能承其乏故雖舉國遠征而其稅入無減蓋壯丁在外家屬猶能代輸也至其既得中原以後則其所措置者殆無一而不失當元史耶律楚材傳太宗時近臣別迭等言漢人無補于國可悉空其人以爲牧地又議裂州縣以賜親王功臣楚材力諍乃止于是定天下賦稅每二戶出絲一斤以給國用五戶出絲一斤以給諸王功臣湯沐之資又其初下

奉天華東印刷局印

中原時嘗舉降人爲驅丁雖儒者不免蓋其視戰勝所得之土地悉爲戰利[redacted]品而其視漢人亦皆爲奴婢矣然其于工商業頗爲[redacted]注重凡克成邑工匠必別籍之其制凡攻城敵以矢石相加者即爲拒命既克必盡殺之汴梁將下速不台欲屠其民楚材[redacted]偁奇巧之工厚藏之家皆萃于此乃已易當太宗時商賈售貨于朝廷者皆得馳驛（憲宗立乃禁之）太宗崩[redacted]乃馬真后稱制西域商人奧魯剌合蠻以言利得政柄使專掌財賦至付以御寶宮紙使自書塡行之又有旨凡奧都剌合蠻所[redacted]建白令史不爲書者斷其手世祖立用阿合馬盧世榮桑哥之徒亦皆商賈之類也（元泉杭二州立市[redacted]舶轉運司造船給本令人商販獲利則官[redacted]有其七商有[redacted]其三而禁民私泛海即世榮柄政[redacted]時事也）

蒙古之文化得之于回紇者不少觀其始通文字[redacted]即由[redacted]回紇人之指導可知元史（塔[redacted]塔統阿[redacted]畏兀人也性聰慧善言論深通本國文字乃[redacted]蠻太[redacted]陽可汗[redacted]尊之爲[redacted]傅掌其金印及錢穀太祖西征乃蠻國亡塔塔統阿懷印逃去俄就[redacted]擒帝[redacted]詰之曰太陽人民疆土悉歸于[redacted]我矣汝懷[redacted]印欲何之對曰臣職也將以死守[redacted]欲求故主[redacted]授之耳安敢有他志曰忠孝人也[redacted]問是印何用對曰出納錢穀委任人材一切事皆用之以爲[redacted]信驗耳帝善之命居左右是後凡有制旨始用印章仍命掌之帝曰汝深知本國文字乎塔塔統阿悉以所蘊對稱旨遂命教太子諸王以畏兀字書國言此爲蒙古人有文字之始[redacted]其後太[redacted]宗十二年有脫卜察安之作（即今元秘史）爲蒙古人自述其歷史之弟書亦以畏兀字之書至世祖中統元年命西僧八思巴製新字[redacted]至元六年頒

行天下凡璽書頒降並用之而以其本國字爲副諸內外百司五品以上進上表章者亦皆以蒙古字書之而以漢字爲副諸奏目及官府公文並用國字有襲用畏兀字者禁之畏兀字仍不能廢終有元之世蒙古學嘗與回回學並立其事始于世祖至元二十六年英宗初罷之至仁宗延祐元年卒復設焉

職制上諸內外百司五品以上進上表章並以蒙古字書毋敢不敬仍以漢字書其副

令諸奏目及官府公文並用國字其有襲用畏兀字者禁之

蒙古起北荒其固有之宗教不可攷然其信尚巫鬼亦大抵與諸北族同元史文宗紀天順二年正月封蒙古巫者所奉神爲靈惑昭應護國忠順王號其廟曰靈佑是也至其與他部族接觸後爲其宗教所同化亦極易如蒙古人之處西域者即多信天方教是也元世祖之崇尚喇嘛教或謂借此以攝伏西番之民其實不然試觀明淸二代亦何嘗不利用喇嘛後然其蠹國殃民之程度視元代爲何如若如元代所爲則非利用喇嘛教而直爲喇嘛教所利用矣當成吉之征西域嘗略一徒思婦人名法特馬者歸法特馬好巫蠱乃鑾眞后寵之太宗朝舊人半爲所讒搆斥逐可見元人之易于迷信宗教實歷代皆然也然元起北方其固有之宗教非甚有力入之不深故于各教皆易表歡迎而亦無所偏袒其攻克敵國時于其民所信之教悉仍之及其統一中國亦聽令諸教並行儼然有信教自由之觀焉西史紀憲宗時常免僧道丁稅也里可溫教人亦得沐此寬典元史又紀世祖時命諸僧道儒人有有司勿問止令三家所

掌會問可見元代雖獨崇釋教然其視儒道及也里可溫等教亦仍相平等[redacted]之特實際上不免傾于喇嘛致受其弊耳

喇嘛教之入[redacted]蒙古元史但記其始於八思巴云「癸丑年十有五[redacted]謁世祖於潛邸與語大悅日見親禮中統[redacted]元年尊爲國師命製蒙古新字成升號大寶法王至元十一年請告西歸留之不可乃以其弟亦憐真嗣[redacted]焉亦憐真以後嗣爲國師者代有其人元史云世祖得西域以其地廣而險遠民獷而好鬥思有以因其[redacted]俗而柔其人故宣政院使位居第二者必以僧爲之出帝師所辟舉而總其政於內外者帥臣以下亦必僧俗並用而軍民通釋於是帝師之命與詔勅並行於西土雖帝后妃主皆因受戒而爲之膜拜正衙朝會百官班列[redacted]而帝師亦或[redacted]專席於坐隅其未至而迎之則中書大臣馳驛百騎以往所過供億迎送比至京師則敕大府假法駕[redacted]半仗以爲前道詔省臺院官以及百司庶府並服銀鼠齊遜[redacted]用每歲二月八日迎佛威儀往[redacted]迓且命禮尚郎中[redacted]專督迎接其卒而歸葬又命百官出郭[redacted]祭餞雖其昆弟子姪之往來有司亦供億無之　并其徒佩金字[redacted]圓符絡繹道途馳騎累百傳舍至不能容則假館民舍因追逐男子奸汚女婦驛戶無所控訴臺察莫得誰何　其徒怙勢恣睢[redacted]日新月盛氣燄熏灼延於四方爲害不可勝言如楊璉真加世祖用爲江南釋教總統發掘故宋趙氏諸陵之在錢唐紹興者及其大臣冢墓一〇一所戕殺平民四人受人獻美女寶物無算且攘奪盜取財物計金一七〇〇兩銀六八〇〇〇兩玉帶九玉器大小百十一雜寶貨一五二大珠五〇兩鈔一一六二〇〇錠

田二三○○○畝私庇平民不輸賦者二三○○○戶他所藏匿未露者勿論也歲時祝釐號稱好事者其目尤不一延祐四年宣徽使會每歲內廷佛事所供以斤數者麪四三九五○○油七九○○○酥二一八七○蜜二七三○○至元三十年間齋醮佛事之目僅一二○大德七年再立功德司遂增至五○○有餘僧徒營結近侍欺昧奏請校之大德又不知幾倍矣

又每歲必因好事奏釋輕重囚徒以爲福利殺人作奸實緣幸免至或取空名宣敕以爲布施而任其人　至大時宣政院臣奏取旨凡民毆西僧者截其手詈之者斷其舌時仁宗居東宮聞之亟奏寢其令

蒙古源流考謂喇嘛教入蒙古始于定宗之弟闊端其說云烏格德依（即太宗）二子長庫裕克（即定宗）次庫騰（元史之闊端）庫裕克以癸巳年即汗位在位六月是年即歿庫騰以甲午歲即汗位乙未因龍　侵祟生病多人　視不能痊愈因議延喇嘛醫治帕克巴　刺客特者生于壬寅至戊辰年二十七歲往額納特珂克與左道六師異端辨難窮其詞獲班弟達之號其卡父禮克巴嘉勒燦喇　告之曰後東方有蒙古國君庫騰漢使名道爾達者請汝汝必往當于彼處大興佛教及是庫騰汗錄使名道爾達往請時帕克巴喇密特年六十三矣以甲辰起年程至丁未年六十六歲與汗相見遣成獅吼觀音收服龍王何與汗灌頂頃刻病愈于是道帕克巴喇密特之言在蒙古地方創興佛教案定宗即位在宋理宗淳祐六年乃丙午非癸巳定宗在位三年亦非六月即沒闊端又未嘗明爲大汗蒙古源滾攷記事多疏不盡可

據然其所述亦必非無固據前述之記事觀之則喇嘛教當爲元世祖所前奉以前必已先得
太宗後主之前信漢南北之頂禮正不待順義王 喀爾喀之漢時矣

女眞種族本極貧窘金史所地謂狹產薄者是也康宗時歲不登民多流而爲盜已見第七節又是時民間多逋負賣妻子不能償康宗與官屬會議太祖在外庭以帛繫杖端麾其衆令曰今貧者不能自活賣妻子以償債骨肉之愛人心所同自今三年勿徵過三年徐圖之衆皆聽命聞者感泣自是遐邇歸心焉又收國二年詔以歲凶庶民艱食多依豪族因爲奴隸及有犯法


奉天華東印刷局印

徵償莫辨析身爲奴者或私約立限以人對贖過期則爲奴者並聽以兩人贖一爲良若元約以一人贖者即從元約天輔二年詔有司禁民凌虐典雇良人及倍取贖直可見當時因部族貧窘故奴婢之風盛行又太宗天會元年詔孛堇阿實賚曰「先皇帝以同姓之人昔有自鬻及典質其身者命官爲贖今聞尚有未復者其悉閱贖之」則鬻身爲奴者雖皇族中亦有之矣蓋實由地瘠使然也

女貞舊俗亦敬天而重日金史禮志謂金之郊祀本于舊俗有拜天之禮又謂金初朝日用本國禮（案見禮志八）又大定十一年世宗謂宰臣曰本國拜天之禮甚重太祖本紀謂故事五月五日七月十五日九月九日拜天射御歲以爲常是也然其俗亦最重巫始祖以下諸子傳「國俗有被殺者必使巫覡以詛咒殺之者乃繫帛于杖端與衆至其家歌而詛之曰取爾一角指天一角指地之牛無名之馬向之則華面背之則白尾橫視之則有左右翼者其聲哀切淒婉若蒿里之音既而以刃畫地劫取畜產財物而還其家一經詛咒家道輒敗」又云「初昭祖久無子有巫者能道神語甚驗乃往禱焉巫良久曰男子之魂至矣此子厚有福德子孫昌盛可拜而受之若生則名之曰烏古迺是爲景祖又良久曰女子之魂至矣可名曰鵶忍又良久曰女子之兆復見可名曰斡都拔又久之復曰男子之兆復見然性不馴良長則殘忍無親親之恩必行非義不可受也昭祖方念後嗣未立乃曰雖不良亦願受之巫者曰當名之曰烏古出既而生二男二女次弟先後皆如巫者之言遂以巫所命名名之」此其巫鬼之習殆即滿

地心經有夢想究竟[redacted]涅槃之語汝法[redacted]智究正應經文先師藏瓶和尚知汝有是福分亦作頌子付汝智究信其言遂謀作亂歷大名東平[redacted]州郡假託抄化誘惑愚民潛結姦黨議以十一年十二月十七日舉事事敗伏[redacted]誅連坐者四百五十餘人智究等妖道惑衆似即元時白連教之先河然金人之不信佛教則藉此可以推見矣又張暐傳章宗問僧道三年一試八十取一不亦少乎對曰此輩浮食無益有損不宜滋益也上曰周武帝唐武宗後周世宗皆賢君其壽不

洲今日之薩滿教也

契丹極信佛教女眞則不然金史石琚傳「時民間往往造作妖言相爲黨與謀不軌上問宰臣曰南方尚多反側何也琚對曰南方無賴之徒假託釋道以妖幻惑人愚民無知遂至犯法上曰如僧智究是也智究大名府僧同寺僧苑智義與智究言蓮華經中載五濁惡世佛出魏[redacted]不永誰曰偶然似亦有因也王翛傳明昌二年知大興府事時[redacted]僧徒多游貴戚門惡之乃禁僧午後不得出寺」則似章宗及[redacted]其時貴族亦頗有信佛教者然女眞種族終不得目爲信佛也

女眞[redacted]舊俗最[redacted]爲純[redacted]樸然[redacted]至世宗時即已紛紛慕效華風譯漢姓以漢語命名效南人衣裝甚有不能女眞語者世宗最主保守舊俗亦不能止也（世宗本紀「大定十六年」上與親王宰執官從容論古今興廢事曰女眞舊風最爲純[redacted]直雖不知書然其祭天地敬親戚尊耆老接賓客信朋友禮意欵曲皆出自然其善與古書所載無異）

女[redacted]直本無文字金史本紀所謂「生女貞之俗至昭祖時稍用條教民頗聽從尚未有文字無官府不知歲月晦朔是也其有文字則始[redacted]于完顏希尹希尹傳云金人初無文字國勢日強與鄰國交好乃用契丹字太祖命希尹撰本國字備制度希尹乃依倣漢人楷字因契丹字制度合本國語製女貞字天輔三年八月字書成太祖大悅命頒行之其後熙宗亦製女直字與希尹所製字俱行希尹所撰謂之女貞大字熙宗所撰謂之小字金史本[redacted]紀太祖天輔三年[redacted]八月頒女直字蓋希尹所製熙宗天眷元年正月頒女貞小字則熙宗所製也又宗雄傳從上獵誤中流矢託疾歸家臥兩月因學契丹大小字盡通之及與遼議和書詔契丹漢字宗雄宗與翰希尹主事」則女直字未製以前并亦兼用漢文矣又章宗紀明昌二年四月[redacted]諭有司自今女直[redacted]譯爲漢字國史院專寫契丹字者罷[redacted]「十二月」詔罷契丹字」則女直字既製以後契丹字尚沿用不廢也

金初雖無記錄然其部族舊事不至盡行亡失者則[redacted]宗翰及穆宗第五子勗之力始祖以下諸子傳「女直既未有文字亦未[redacted]有記錄故祖宗事皆不載宗翰好訪問女直老人多得祖宗遺事」「天會六年詔書求訪祖宗遺事以備國史令勗與耶律迪越掌之勗等採摭遺言舊事自始祖以下十帝綜爲三卷凡部族既曰某部復曰某水之某又曰某鄉某邦以別識之凡與契丹往來及征伐諸部其間詐謀詭計一無所隱有詳有略咸得其實」今一[redacted]讀金史先世事迹秩然可考不徒遠勝元史抑亦校遼史之專藉中國舊藉以資考證者爲勝不得不謂

其開國時宗室中之濟濟多才也

自希尹創製新字後當時宗室中通習最早者當推景祖曾孫宗憲宗憲又通契丹漢文入汴以後筆書而還其後最精深者推溫迪罕締達而教授最有名者則稱[redacted]紇石烈良弼宗室中最精中國文學者爲世宗子豫王允成孫璹

女真部族程度幼稚自無所謂工商業然其與鄰國[redacted]貿易則似亦有之金史本紀云「女真舊無鐵鄰國有以甲冑來鬻者景祖傾貲厚價以與貿易亦令[redacted]昆弟族人皆售之得鐵既多因之以修弓矢備器械兵勢稍振」此可見金初亦有極幼稚之商業行于諸部族間且于其部族之進化不無關係也

[redacted]

第一節[redacted]滿洲 滿洲之興替[redacted]之名称

女[redacted]真種族之原起。已見[redacted]前 此種人至明代。仍称為女真。

[redacted]清人自[redacted]偁建號[redacted]以前。部族[redacted]及國[redacted]稱滿洲。

[redacted]據近人所攷據。則清之建號[redacted]實在太宗天聰十年。即以是

年為崇德元年。即明莊烈帝[redacted]崇禎九年。如是。則以前國號。[redacted]實称後

金。[redacted]見于朝鮮人[redacted]紀載。及[redacted]奉天古刻文字[redacted]甚夥。[redacted]

[redacted]滿洲。二字。[redacted]惟人書。御滿。[redacted]

住。[redacted]寶[redacted]太。爾。[redacted]二。江。称。非國。名。亦非。部。族。名。今[redacted]錄近人所

著[redacted]滿洲名称攷[redacted]附於後。

滿洲。流[redacted]攷卷一。初稱滿洲本部[redacted]族名。以國[redacted]書。攷。滿洲。稱滿

珠。二字[redacted]（皆平）譯[redacted]（我）那先啟东土。如藏西域獻丹[redacted]（書）皆称曼殊師利

大皇帝。翻譯名[redacted]（義）曰[redacted]曼殊[redacted]華言[redacted]（妙）吉祥也。又作曼珠[redacted]（室）利，大教王。

经云。释迦牟尼师毗[redacted]（盧遮）[redacted]那如来，而大[redacted]曼殊室利為毗盧[redacted]（庶）那

本师。殊珠音同。室師一音也。（當）时鴻號肇称，实本诸此。[redacted]（今）漢字作

满洲。蓋因[redacted]（洲）字[redacted]（義）近地名。[redacted]（假借）同之。遂相沿[redacted]（用）。实則[redacted]部族而非

地名。固[redacted]（章）[redacted]章可改也。又载高宗御製全韻诗，建满洲是肇京

二句之下自注語意相同。滿珠之。明人书作满住，係最大酋長之

称。建州歷代相沿如是。日本人所撰輯之朝鮮书籍。[redacted]（然）蔡寘记述

中[redacted]（所）錄之柵中日錄。记萬歷四十七年。即清太祖天命四年。明兵

大败於清。所[redacted]（調）之朝鮮兵由都元帅姜弘立率 降清。以三月初

乃明。兄明兵大敗。[redacted]劉綎[redacted]等殉節。遼與高麗和。日錄[redacted]約和附。軍路

下山餘將。[redacted]仍將言此事，尚列[redacted]城足[redacted]滿住後。許[redacted]金還[redacted]國云云。當時

太祖已建元稱號。[redacted]士[redacted]尚稱之曰滿住。可知滿住二字。為建州最

[redacted]尊之稱。建州部族。既以滿住為酋長。則稱為滿洲部族。猶之稱國

為王。國號國侯。國之類。稱建州部族為建州。滿洲部族。[redacted]則其文義。

撫之。加之法帝國。日本帝國。比初時王國。盧森堡公國。略[redacted]之。性以

季北[redacted]略稱[redacted]萬曆四十四年和。清[增]太祖建元天命。國號後金。其衣稱朕。

當時自稱曰朕。而大臣下則[redacted]稱之曰汗。滿住。亦即稱之曰滿洲[redacted]其

對明。而[redacted]亦曰我滿洲如何云云。抗之云。明人謂亡命如何云云。然

彼此誤會。他人聞建州人自稱我滿洲。不以為建州人係[redacted]傳其

命。直以。為。建。州。人。自。名。[redacted]其國。或。部。稱。為。滿。洲。建。州。人。亦。遂。承。認。之。其後。太。宗。時。致。書。明。帝。師。袁。崇。煥。即。自。稱。滿。洲。國。皇。帝。知。持。轅。襲。用。滿。洲。二。字。為。國。名。[redacted]其中。殊。佛。之。[redacted]所由。[redacted]來。終。[redacted]可見。之（滿洲即文殊）佛。號。建。州。女。直。之。[redacted]尊其。首。長。撒。呼。為。佛。以。遺。俗。蓋。然。[redacted]清也。和。之。或改。近時人之所知。者。宦。官。[redacted]宮。妾。及北。方。[redacted]市井細人。皆。稱。孝。欽后為老佛爺。前然。北方。大。鼓。[redacted]書如。[redacted]永慶昇平之類。多稱康熙佛爺。此[redacted]等。於。[redacted]道。咸。[redacted]已。有之。故知。[redacted]有清一代帝王。皆稱。曰佛。考。試。功。令。佛。字。三[redacted]幢。亦其[redacted]證也。再攷[redacted]市井細民。當宦官宮妾。[redacted]其稱。帝王。[redacted]回有特稱。[redacted]宋稱。官家。此紀載。[redacted]所常見。明內臣奏事。稱列[redacted]聖曰老爺。稱當時之帝皇曰[redacted]萬歲爺。見[redacted]劉若愚酌中志。序列[redacted]聖之稱。老爺。[redacted]冠以[redacted]當時之年號，或[redacted]其廟號，若愚稱[redacted]萬曆帝[redacted]爲神廟，老[redacted]爺是[redacted]清室，入主中夏。大稱號鄭[redacted]尚沼昭信[redacted]其稱佛又仍建俗故有佛都記稱也。此[redacted]一段攷據甚爲詳晰[redacted]其實藉鞨瞞出亦叩尚佳[redacted][redacted]之異譯耳

第二節　明代女真之形勢及其分布之地域

明代女真分為三種，曰建州，曰海西，曰野人。皆[redacted]設衛所羈之。大明會典卷一百零七[redacted]永樂元年，野人頭目來朝。其後悉境歸附。九年，始設奴兒干都司[redacted]建州兀者[redacted]等衛，及千百戶[redacted]所。以其[redacted]酋長為都[redacted]督、都指揮、指揮、千百戶、鎮[redacted]撫，賜敕印。又置馬市開原[redacted]城，以通貿易。蓋女直三種，居海西[redacted]等處者為海西女[redacted]直，居建[redacted]州、毛憐等[redacted]處者為建[redacted]州女直。[redacted]各衛[redacted]所外，又有地面，有站，有寨，建官賜敕，一如三衛之制。[redacted]其極[redacted]東為野人女直。野人女直去中國[redacted]遠甚，朝貢不常。海西、建州歲一遣人朝貢。陳仁錫潛確類書[redacted]未經清世抽毀之舊本第十四卷四夷門。收黃[redacted]道周[redacted]博物典彙[redacted]第九卷收建夷攷云：今女真即金餘

葉也。國朝分爲三種。曰建[redacted]州。曰海西。曰野人。永[redacted]樂之初。野人酋長
[redacted]來朝。建州海西悉境歸附。先後置建州[redacted]等衛。置都司。曰奴兒干
以統之。官其酋長也。[redacted]海西[redacted]爲元代行政區域之名。元史世
祖紀至
二十五年二月壬戌。省遼東海西提刑按察使入北京。仁宗紀
延祐二十年夏五月庚午。立海西遼東鷹坊萬戶府。隸中政院。日本
稻葉氏所引皇明實錄。太祖洪武十六年四月己亥。故元海西右
丞阿魯灰遣人至遼東。願內附。上遣人齎敕往諭之。皆其一證也。元
官制。行中書省者。丞相一員。平章二員。右丞一員。左丞一員。參
知政事二員。郎中二員。員外郎、都事各二員。遼陽行省之右丞。當駐海
西。故皇明實錄
林元海西右[redacted]丞。即後來扈倫四部。江。地。野人女直地爲奴兒干[redacted]黑林
龍江。江。極東。建[redacted]州二字。則[redacted]渤海行政區域之名。新唐書渤海傳
所謂置[redacted]率賓府。領[redacted]華益建三州者也。[redacted]地在今興[redacted]京縣境。遼之一
統志謂[redacted]之於達[redacted]爲。蓋自[redacted]渤海創建[redacted]以來。[redacted]所恒以是爲名。

故遼金元代治所雖移故兵失地之女真以為以乃[redacted]如
明元時[redacted]奴兒干故都司建州衛[redacted]撫[redacted]境在[redacted]海光緒十一年[redacted]曾廷述祝
察西伯利亞東偏若而西伯利[redacted]東京紀要[redacted]有記[redacted]廟
里近之説江樹[redacted]市[redacted]街以上二百五十餘里渾同[redacted]江東岸[redacted]特林地方加有二碑皆
明代所[redacted]刻敕建永寧寺記[redacted]宣德六年[redacted]重建永寧寺記皆
太監[redacted]亦失哈述征服奴兒于及海中[redacted]苦夷[redacted]等事若苦夷即庫頁[redacted]
之[redacted]可知[redacted]沿海州及庫頁島[redacted]地[redacted]轄境
之內如

萬於節 清室之發原

明[redacted]代女真之形勢。既如前述。之衛。已。中。建州。實為。清。之正[redacted]系。閒八 今梅

自[redacted]述大先世事迹之。 王先謙東華錄 錄清[redacted]實錄

長白山。高二百餘里。綿亘千餘里。山之上有潭。曰[redacted]闥門。[redacted]周八十里。

源[redacted]深流[redacted]廣。鴨綠混同愛[redacted]滹三江出焉。山之東。布庫里山。山下有

池曰布[redacted]爾瑚[redacted]里。相傳有天女三。長恩古倫。次[redacted]正古倫。次佛古倫。浴

於池。浴畢。有神鵲銜朱果[redacted]置季女衣。季女含口中。忽已入腹。遂有

身。告二姊曰。吾身重不能飛昇。奈何。二姊曰。吾[redacted]等列仙籍。[redacted]無他虞

也。[redacted]此天授[redacted]爾[redacted]娠。俟免身[redacted]來未晚。言已。別去。佛庫倫尋[redacted]產一男。生而

能言。體貌奇[redacted]異。及長。母告以吞朱果[redacted]有身之故。因命之曰。汝以[redacted]愛

新[redacted]覺羅[redacted]為姓○名布[redacted]庫里雍順○[redacted]天生汝以定亂國○[redacted]其往治之○汝順流
而往○[redacted]此其地也○与小舠乘之○[redacted]母遂陵空去○子乘舠順[redacted]流下○至[redacted]河步○
[redacted]登岸○[redacted]折柳枝及蒿為坐具○端坐其上○生时[redacted]其地[redacted]有三姓爭為雄長○
日[redacted]構兵相仇殺○[redacted]亂靡由定○[redacted]有取水河步者見而異之○[redacted]歸語[redacted]衆曰汝
等[redacted]勿爭○吾取水[redacted]河步○見一男子○察其貌非常人也○天必不虛生此
人○[redacted]衆往欲[redacted]皆以[redacted]異因詰所由來○答曰○[redacted]我天女所生○天生我以定
汝等之[redacted]亂者○且告以姓名○[redacted]曰○此天生[redacted]聖人也○不可使之徒行○
遂交手為舁迎至[redacted]家○三姓共[redacted]議曰○我[redacted]等盍息爭推此人為國主以
女百里妻之○遂定[redacted]議妻以百里○奉為[redacted]貝勒[redacted]其亂乃定○於是居長白
山东[redacted]俄漠惠之野○[redacted]作鄂謨輝一俄朵里[redacted]城[redacted]作鄂多理一國號[redacted]是為
滿洲

開甚之始○越[redacted]數世以後○不[redacted]撫其衆○國人叛○布庫里[redacted]雍順之族○被戕○有幼子名[redacted]范察[redacted]一作樊察[redacted]遁於荒野○國人追之○會有神鵲止其首○追者[redacted]望[redacted]鵲棲焉○疑為[redacted]枯木○中[redacted]道而返○[redacted]范察獲免○隱其身以終○自此後世[redacted]俱德鵲○誡勿加害云○[redacted]繇傳[redacted]肇[redacted]祖[redacted]皇帝○[redacted]諱都[redacted]督孟特穆○[redacted]略生有智[redacted]慨然以恢復為志○計[redacted]誘先世仇人之後四十餘人至蘇[redacted]克蘇[redacted]滸河[redacted]虎[redacted]欄哈[redacted]達山下赫[redacted]圖阿拉[redacted]地○距[redacted]俄朵里城[redacted]四[redacted]千五百餘[redacted]里○誅[redacted]其半以雪祖仇○執其半以[redacted]索舊業[redacted]得○遂[redacted]釋之○於是肇祖居赫圖[redacted]阿拉地○生子[redacted]二○長[redacted]充善○次褚宴○

如[redacted]右所述○大為荒誕之詞○世傳深雖近人則據皇[redacted]實錄所載而云○[redacted]

明永樂元年十一月辛丑女直野人頭目阿哈出來朝○設建州衛[redacted]指揮使[redacted]以阿哈出為指揮使○寔為建州衛

建設之始。又按明史，建州左衛設於永樂十年，而實錄又載[redacted]十四年

二說。猶建州左衛指揮使猛哥帖木兒建州左衛之始祖。案朝鮮龍飛御天

[redacted]

語之問經筵吏所引朝鮮李氏自蹤大向國王，而云東北一道本肇基之地也。畏威懷

德久矣。野人酋長遠至，移蘭豆漫皆來服事，常佩弓劍，入侍潛邸，

曨侍左右，東征西伐，靡不從焉。如女真則斡朵里豆漫夾溫猛哥

帖木兒，火兒阿豆漫古論阿哈出，託溫豆漫高卜兒閼云云。[redacted]案元史地

[redacted]理志：遼陽等處行中書省所屬合蘭府水達達等路，土地曠闊，人民

散居。元初設軍民萬戶府五，鎮撫北邊。一曰桃溫，今寄安東北七百里，木香河出；

去樂瑞入混同江口。一曰胡[redacted]里改，呼尔哈之異譯。一曰斡朵憐，一

桃溫之異譯。烏寄安河多

曰孛苦江。斡朵里，即斡朵憐之異譯。大兒阿，即[redacted]甲

改之音差。託溫。亦即桃溫之音轉。穆蘭豆漫。據原注義為之萬戶。蓋夷猶中帖木兒。亦論阿哈出。高卜兒闊。實即斡朵憐。胡里改。桃溫三路之萬戶也。此所謂阿哈出者。即永樂元年授以建州衛指揮之阿哈出。此事在明初。無待贅論。夷溫古論。原注即猛哥帖木兒。及阿哈出之姓。則此猛哥帖木兒。亦必非十四年賜宴之猛哥帖木兒。其音字。乃清實錄所載肇祖之名孟特穆。相近元史之帖木兒。清修之史。固諱飾之。均改為特穆。亦所諱也。至所謂都督者。則係滿洲人向稱為長官之稱。在明代號授以指揮。而滿洲則稱為都督。明實錄中所載。不乏其例。滿文按集人某官。例先官而後人。日本人由奉天鈔譯之清實錄。清初紀載。尚多如此。都督孟

特〇穆〇訖〇都〇督〇遍〇哥〇帖〇木〇兒〇爲〇大〇猛哥、帖木、兒、既、爲萬戶〇知〇八世〇有

所〇愛〇記〇今案元史兵志記〇國初典兵之官視兵數多寡爲爵秩

崇卑長萬夫者爲萬戶千夫者爲千戶〇百夫者爲百戶〇世祖時頗

修官制〇萬戶千戶死陣者〇子孫襲爵〇死病則降一等〇總把百戶老

死〇萬戶遷他官〇皆不得襲〇是法尋廢〇後世大小官世其官獨以罪

去者〇則不〇云〇云〇又於軍士〇則言遼東之糺軍〇契丹軍〇女直軍〇高麗

軍〇雲南之寸白軍〇福建之畬軍〇皆不出戍他方〇蓋鄉兵也〇據此可

知元之萬戶府之本皆世襲〇女直軍者爲鄉兵〇不出戍他〇所無遷官

不得襲之理〇以無死陣死病之別之〇故〇亦〇萬〇戶〇府之原名〇尚〇東〇即

未曾有之故〇漸〇之〇世襲〇無〇疑〇又攷魏源聖武記〇開國龍興記一〇所引開國

方略及王先謙東華錄天命以前皆歷明太祖責烏喇貝勒布占泰有云我愛新覺羅氏由上天降生事事順天命循天理數世以來未遠近鄰服從不被辱於人汝即不知百世以前事豈十世以來之事亦不知耶則雍順之漢姓及誕自天女據太祖自言不過十世以來之事後太祖上溯之七世而至肇祖再溯其前不過三世即當十世之數然知實係所云雍順開國越數世而後國亂又遁荒越數世而後傳至肇祖必乃總謬之詞由元初至明洪武末揆諸下年正合三世以來之時限猛哥帖木兒爲萬戶以前而始祖又必在元之初太祖自述雍順之生前於肇祖者而王姓則雍順之即爲之所受萬戶府職知又知疑見所謂等如多理塔以即猛哥帖木兒譯

其地當在今三姓城近。故清實錄謂雍順往定三姓之亂。如推其地在長白山北。而不在其東耳。然則猛哥帖木兒究係何姓。此亦為一問題。據龍飛御天歌註。則猛哥帖木兒實姓夾溫。然稻葉君山又引朝鮮東國輿地勝覽云。會寧都護府。本高句麗舊地。胡言斡木河。本朝太宗朝斡朵里童猛哥帖木兒乘虛入居之。則猛哥帖木兒又姓童也。又猛哥帖木兒之子一名董山。一名童倉。童與董似亦其姓。稻葉又引明實錄。神宗萬曆十七年九月辛未。以建州夷酋童奴兒哈赤為都督僉事。則清太祖亦姓童。其引東夷考略則云。奴兒哈赤佟姓。故建州之枝部也。則太祖又姓佟。佟之與童音近。而為遼東大族。其以東人不知文字（漢古），考竟而知古祖之妣佟佳氏。佟佳即佟家，猶完顏部之稱王甲（家即王也）[redacted]。今佟家江，明時尚稱婆豬江，似亦因建州女直居其地，而得佟家之名。然知滿洲之先必為佟姓矣。錄至傳實錄所稱愛新，號稱御天語所云夫滿，則或之，夫滿二字亦輝淮。漢史書之[redacted]御金國語稱金爲韓湘，又作按春（見滿洲源流考）。予按淺演社會極重女系，故其人皆有明氏之別，證以前所述金室之先實不重氏，而完顏姓[redacted]。知清室之先，其氏愛新（覺即其）氏，而佟姓，較然。

弟

峩

閏課六·五下

# 成吉思汗實録序論

## 元朝祕史之來歷

成吉思汗實録者余今所譯元初舊史其原本則東京高等師範學校所藏元朝祕史寫本也此書本蒙古字書而譯成漢文者其蒙古字原本之名為忙豁侖紐察脱卜察安譯言蒙古之祕史忙豁侖即忙豁勒温忙豁勒即蒙古、温為之字之義紐察即你兀察你兀譯言祕察為動詞變形容詞之語尾今蒙古語曰你古察元史語解尼古察祕密也脱卜察安正音當為脱卜赤顏元史作脱卜赤顏脱必赤顏元史語解托卜齊延總綱也蓋總錄綱要之義即實錄也合三語而譯之則曰蒙古之祕密實錄即蒙古祕

史也
此書原本成于元太宗時篇末云此參列于大聚會鼠年七月于客
魯漣河之闊迭額阿喇勒之朶羅安孛勒答黑失勒斤扯克兩地
間之斡兒朶下馬而居之時書鼠年者元太宗十二年庚子之
歲我四條天皇仁治元年宋理宗嘉熙四年西紀千二百四十年
自今年丙午逆計之則六百六十六年前也何剌勒譯言可中島
闊迭額洲客魯漣河中島也斡兒朶者合罕之帳殿闊迭額洲之
斡兒朶元太祖四斡兒朶中之大斡兒朶蒙古人常開國會之處
也參列國會而書于大斡兒朶云者蓋當時能文之委兀兒人受
勅命而作是書也

此書分十二卷自卷一至卷十叙太祖之先世及太祖伐金以前之事[redacted]第十一二卷題[redacted]續集卷一續集卷二自羊年（元太祖六年辛未太祖崩御前十六年我順德天皇建曆元年西紀千二百十二年）伐金始以太宗自述四功四過[redacted]勅語作結據此則正集十卷既作于太祖之朝至太宗十二年乃補作續集二卷而成全書也篇末所載太宗[redacted]勅語必太宗命史（書當時）臣書之者

此書今所傳本乃以漢字音譯蒙古語者其原本蓋以蒙古之國書即畏兀兒字書之案蒙古之有文字始于太祖滅乃蠻時時則用畏兀兒字以書蒙古語者也元史塔塔統阿傳畏兀人也深通本國文字乃蠻大陽罕重之使掌金印及錢穀乃蠻亡塔塔統

阿懷印逃去俄就擒太祖詰之曰大陽人民疆土悉歸于我汝負印何之對曰臣職也欲求故主授之耳太祖感其忠孝問是印何用對曰出納錢穀委任人材一切事皆用為信驗太祖命居左右是後凡有制旨始用印章仍命塔塔統阿掌之太祖又問之曰汝深知本國文字乎塔塔統阿悉以所蘊對稱旨遂命教太子諸王以畏吾字書蒙古語委兀兒者唐回紇受揑思脱兒宗傳道師之教化先已知用文字自元太祖四年委兀兒國主降蒙古後委兀兒名士多事蒙古為文臣者委兀兒字遂為蒙古（當時代用）之國書然則此書之文字為委兀兒字無疑作者蓋亦委兀兒人也

世祖時命西蕃聖僧八思巴作蒙古新字頒行天下以不便故未

能遍行此書之原字當亦未改觀後所引鄭曉今言則此書之原字為委兀兒字甚明矣

元史察罕傳（察罕有二一為西夏人傳在第百二十卷此所引者傳在第百三十七卷西域班勒紇人也）博覽強記通諸國字書[redacted]嘗譯貞觀政要以獻帝仁宗大悅詔繕寫徧賜左右且詔譯帝範又命譯脫必赤顏名曰聖武開天記及紀年纂要太宗平金始末等書俱付史館貞觀政要帝範係譯漢文為委兀兒字蒙古文脫必赤顏則譯委兀兒字蒙古文為漢文也也（聖武開天記即今皇元聖武親征錄見後）

又虞集傳受命于明宗編修經世大典時以累朝故事有未備者請以翰林國史院修祖宗實錄時百司所具事蹟參訂翰林院臣

言於帝曰實錄法不得傳於外則事蹟亦不當示人又請以國書脫卜赤顏增修太祖以來事蹟承旨塔失海牙曰脫卜赤顏非可令外人傳者遂皆已脫必赤顏脫卜赤顏為紐察脫卜赤顏之略稱此書之已加修正者也（修正之見後）故雖加修正然仍為秘史深藏內府不示外人故傳世不廣

集傳又云初文宗在上都將立其子阿剌忒納答剌為皇太子乃以妥歡帖穆爾太子乳母夫言明宗在日素謂太子非其子黜之江南驛召翰林學士承旨阿隣帖木兒奎章閣大學士忽都魯篤彌實書其事于脫卜赤顏又召集使書詔播告中外此文宗弒兄明宗自立後誣明宗長子為八不沙皇后通于他人所生而書其

事于秘史也又據前所引察罕傳則紀年纂要太宗平金始末等書俱譯自脫卜赤顏則秘史[redacted]非僅錄太祖太宗之事者然其錄後此歷朝之事者不傳[redacted]不聞有見其斷簡殘編者

明太祖洪武二年三年宋濂王褘等受勅修元史時金匱之書悉入於秘府元代所謂法不得傳於外之[redacted]十三朝實錄皆自北京秘府移于南京秘府[redacted]原本秘史修正秘史歷朝續修之秘史皆入明人之手[redacted]然當時史臣無解委兀兒字蒙古語者故修史之際不能參考蒙古文之書今太祖本紀大抵與察罕所譯聖武開天記即今聖武親征錄合由其直本此書又成宗大德七年翰林國史院奏進之太祖實錄旣本修正秘史與開天記無大異也

此書非僅以漢字譯原本蒙古文之原音凡蒙古語一語皆譯以俗語以漢字書于正文之右一段一節之終或本非段落而文字過長之處亦隨宜斷之以漢字俗文譯本文大意比本文低三格書之故此譯本實包含委兀兒字之漢字音譯蒙古語之漢字俗語譯蒙古文之漢字俗文譯之珍本也今寫本全部十二卷裝訂

六册　正集十卷五册續集二卷一册

此書為明太祖史官通蒙古語者所譯元朝祕史之名即定于此時明鄭曉今言卷四云洪武十五年命翰林侍講火原潔等編類華夷譯語上以前元素無文字發號施令但借高昌書製蒙古字行天下乃命原潔與編修馬懿赤黑等以華言譯其語凡天文地

四嶽

理人事物類服食器用靡不具載復令取元秘史以切其字諧其聲音既成詔刊布自是使臣往來朔漢皆能得其情鄭曉吾學編四夷考上卷同張穆引顧炎武日知錄之餘卷四亦有此文惟洪武十五年下多正月丙戌四字又馬懿赤黑作馬沙亦黑其餘大抵相同露西亞僧正帕刺的兀思謂此事見于洪武實錄云明太祖實錄予却未見高昌委兀兒地之古名也借高昌書制爲蒙古字蓋稍增損委兀兒字以為蒙古字非別作蒙古字也故元史言畏吾字不言蒙古字又直以畏吾字為國書可知畏吾字即蒙古字矣

取元秘史以切其字諧其聲音者分析秘史蒙古字之音韻當以漢字而善諧之云爾蓋華夷譯語一書以漢字譯蒙古語之音義

欲取材于秘史故先從事于秘史之音譯語譯文譯也其意不在攷蒙古之史而在考蒙古之語故原文人名地名部落名之重見者譯文只舉其一其外則以等字賅括之又或云幾人幾部落音譯之忙豁勒語譯文譯作達達撒兒塔兀勒（中亞細亞莫哈蔑惕教徒）作回回中都（金中都今北京）作北平北京（金北京今喀剌沁右翼）作大寍南京（金南京今河南開封）府作汴梁此等處皆足以證其為明人所譯且北平之稱惟明成祖遷都前有之則此譯本成于洪武史官之手無疑矣又音譯之中亦不無誤謬之處如阿兒孩合撒兒與巴剌本二人也乃誤以八字連讀為一人之名捏兀歹部之察合安兀洼或誤以捏兀歹與察合安兀洼並為人名或誤以八字為一人之名塔塔兒阿

五作

勒赤塔塔兒[redacted]札鄰不合上三字為部名中六字為分部之名下四字則人名也或誤以阿勒赤為人名與札鄰不合並為塔塔兒部之人翁吉喇惕之迭兒格克額篾勒誤分迭兒格克與額篾勒為二人乃蠻[redacted]古出兀惕乃蠻[redacted]不亦魯黑罕亦上二字為部名中六字為分部之名下五字為人名也誤以為乃蠻之古出兀惕乃蠻之不亦魯黑罕二人西域之罕篾力克音譯誤離罕字與篾力克字而書之語譯者遂誤為皇帝篾力克文譯者誤為篾力克王此類甚多幾于誤利仁將軍田村丸為一人田原藤太藤原秀鄉為二人三宮氏為皇族矣元人決不至此必昧于蒙古史之明人然後有此等讀誤也然顧廣圻祕史跋既有殘元槧本影元

槧舊鈔本之説李文田秘史注又有殘元槧本元槧足本之説且云元代撰訖殆非一刻故兩本互異蓋皆未詳考此書之内容故信此譯本為元代之物也唯何秋濤有秘史蓋係明朝初年所譯故稱燕京曰北平博州曰東昌之説

永樂時作永樂大典網羅古今羣籍依韻排纂元朝秘史亦收入十二先元字韻中全部為十五卷無續集之目與今本分卷不同蓋此書頁數頗多故收錄之際可以任便分割也明黃虞稷千頃堂書目著錄元朝秘史十二卷明文淵閣書目字字號元秘史一部五冊又一部同秘史續稿一部一冊又一部同此即洪武槧刻原本今寫本之所自出也然阮元四庫未收書目提要云千頃堂文

淵閣祕史並闕佚之本則由當時只見十五卷本未見六冊十二卷之舊本故也

清孫承澤元朝典故編年考第九卷載有祕史譯文其有云小序元有祕史十卷續祕史二卷前卷載沙漠始起之事續卷載下燕京滅金之事蓋其國人所編記書藏禁中明文淵閣不傳偶從故家見之錄續卷末以補史所不載四庫全書提要評云考其所引並載永樂大典元字韻中互相檢勘一一相同疑本元時祕冊明初修書者或嘗錄副以出流傳在外故承澤得而見之耳所記大都瑣屑細事且間涉荒誕蓋傳聞之辭輾轉失真未足盡以為據然究屬元代舊文世所罕覯自永樂大典以外惟見於此書與正史頗

有異同存之亦足以資參訂也又蒙古源流評云與元朝秘史體例相近以秘史為傳聞之辭僅比于蒙古源流可見乾隆時史臣尚未知秘史之真價也

獨嘉定錢大昕于永樂大典中抄出秘史喜其叙次頗得實為之作跋跋中指摘元史太祖本紀之荒謬云紀所書顛倒複沓皆不足據論次太祖太宗兩朝事蹟者其必於此書折其衷與大昕後作元史考異元史氏族表頗參考此書

又錢大昕得大典本秘史後聞更有十二卷舊本知其為勝于大典本之真本元和顧廣圻秘史跋云元朝秘史載永樂大典中錢竹汀少詹家所有即從之出凡首尾十五卷後少詹聞桐鄉金主

事德與有殘元槧本分卷不同囑彼記出據以著錄於其元史藝文志者是也此藝文志史類第四雜史類云元祕史十卷續祕史二卷不著撰人記太祖初起及太宗滅金事皆國語旁譯疑即脫必赤顏也國語旁譯者謂本文為以漢字音譯蒙古語而右旁又有漢字語譯也僅言音譯語譯而不及文譯者以本文為主不重譯文且譯文亦可包括于旁譯二字之內也

阮元四庫未收書目提要曰元祕史十五卷不著撰人名氏其紀年以鼠兒兔兒羊兒等不以干支蓋即國人所錄云云此依舊鈔影寫國語旁譯記元太祖太宗兩朝事跡最為詳備案明初宋濂等修撰元史急於蕆事載籍雖存無暇稽求如是編所載元初世

系孛端叉兒之前尚有一十一世太祖本紀述其先世僅從孛端
叉兒始諸如此類並足補正史之紕漏雖詞語俚鄙未經修飾然
有資考證亦讀史者所不廢也云十五卷則與大典本相同然云
依舊鈔影寫而不云錄自大典則大典以外尚有十五卷舊鈔本
也蓋原有此本大典[redacted]收錄者爾　所據即此種
阮元謂此書所記太祖先世之事足以補正史之紕漏實則孛端
察兒以前之事不足取此後秘史之敘事皆足以補元史之紕漏
阮元皆不之及而獨舉孛端察兒以前之事豈只讀卷首三四葉
耶余于是益服錢大昕之烱眼也
顧廣圻秘史跋又云殘本金主事嘗攜至吳門予首先見之率率

八板

未得寫録近復不知歸何處頗以為憾去年授徒廬州府晉江張太守許見所收影元槧舊鈔本通體完善今年至揚州遂慫慂古餘先生借來復影一部仍見命校勘乃知異於錢少詹本者不特分元朝祕史十卷續集二卷一事也即如首卷標題下分注二行右忙豁侖紐察五字左脱察安三字必是所署撰書人名銜而少詹本無之當依此補正其餘字句行段亦往往較勝可稱佳本矣校勘既畢記其顛末如此若夫所以訂明修元史之疏略少詹題跋洎考異中見其大槩引而伸之唯善讀之君子茲不及詳論云

此跋即予所據本之跋為述此本之來歷者則予所本即顧廣圻校勘本也誤書名為撰人之名亦不解蒙古語者無可如何之事

其傳此完善之古史于世之功不可沒也

道光中平定張穆自大典寫出秘史譯文自仁和韓氏借得影鈔原本（阮元十五卷本）互相校對刻入連筠簃叢書中光緒二十年（明治二十七年）上海復古書局復以此本付石印與長春真人西遊記張穆蒙古遊牧記共為縮本一帙自此十五卷本譯文頗得易然顧氏校勘全本益為希見之珍書輾轉歸于國子祭酒宗室盛昱光緒十一年（明治十八年）翰林學士萍鄉文廷式從盛昱借得與順德李侍郎文田各寫一部文廷式序所謂於是海內始有三部者也先是李文田注秘史以連筠簃本為主陽城張敦仁本參考云張本從元槧足本影出作十卷又續二卷題目之下亦有忙豁侖紐察脫察安

九擬

八字之夾注則張本蓋亦錄自顧本也李注成書之時盛昱本當已鈔得然今觀其注則絶未嘗得[redacted]蒙古文之祕也明治三十二年文廷式來遊時鹿角內藤湖南方居東京請其歸後寫寄蒙古文祕史余亦切望之廷式歸未幾拳匪亂起音信久絶至三十四年末以裒然六大册之寫本托人寄至大阪湖南許湖南即傭鈔胥影寫一部送東京今藏于高等師範學校者是也其後早稻田大學亦影寫一部藏于該大學圖書館於是日本亦始有三部

然此書之全本非必世界僅有六部也[redacted]此外尚有一部遙在遠方然其有益于世界之史學實校之日本支那所藏者爲尤大則露

西亞帕剌的兀思本是也

帕剌的兀思僧正也居支那京師初自連筠簃叢書中得元朝祕史譯為露西亞文加以序論注釋及成吉思汗[redacted]世系圖題曰成吉思汗時蒙古之故事西紀一千八百六十六年同治五年慶應二年載于北京露西亞傳道使命報告第四卷中一千八百七十二年[redacted]同治明治五年一年復得以漢字音譯蒙古文十五卷明槧寫本知譯為漢文之本實自此蒙古文摘譯者此十五卷明槧寫本當與阮元所云依舊鈔影寫之本相同此本既無標題復多誤字脫字實劣于十二卷本然帕剌的兀思[redacted]通漢字與蒙古語[redacted]復此本于蒙古字之原文不難也又清人名十二卷本為元槧錢大昕混原本譯

十紙

本之別疑為即脱必赤顏收入元藝文志之時帕剌的兀思即定
此本為明譯明槧此本藏于今珀帖兒不兒古大學圖書館教授
頗自捏也富精通蒙古語學初得此書[redacted]即欲以[redacted]漢字
[redacted]寫蒙古文以露西亞文譯釋刻之[redacted]千八百八十七年光緒十三年明治二十年曾以所成之
大半及序文付諸石印頒發學生[redacted]其後成否不之知露西亞雖
軍敗乎然此等研究遠勝于我日本除軍事内政東方經略之事
實與英國共有綏懷亞細亞諸部落之資格者也
聖武親征錄喇失惕集史之來歷
聖武親征錄與蒙古祕史關係甚多之古書也四庫全書提要雜史
類存目云皇元聖武親征錄一卷不著撰人名氏史記元世祖中

統四年參知政事修國史王鶚請延訪太祖事蹟付史館此卷疑即當時人所撰上者此僅推測之言無可證實之事事西域宗王珀兒昔之亦勒罕阿合贊旭烈兀曾孫斡勒齋禿合贊弟之剌失惕額丁所著蒙古集史即札米兀惕帖伐哩黑實為詳備之書非親征錄比然其中敘事往往有與親征錄若合符節者凡親征錄所敘之事求之喇失惕額丁之史殆無不相類又此二書之敘事為同本蒙古祕史可考見之處甚多則謂此二書為未讀祕史之人所作如提要親征錄為外人撰上之說不無可疑察罕自祕史譯出之聖武開天記後世不聞其名而親征錄之名元時亦少見據親征錄多本于祕史觀之則親征錄即開天記特傳寫之間改其標題耳清康熙二十

八年邵遠平著元史類編屢引今親征錄之文皆作聖武親征記然則元之聖武開天記即清初之聖武親征記至乾隆中而為聖武親征錄又冠以皇元二字三名實一物也

親征錄為乾隆中兩淮鹽運使司所得上之內府者錢大昕嘗錄副自此輾轉鈔寫歸于大興徐松道光中平定張穆鈔錄徐本借大興翁方綱家藏本對校更以授光澤何秋濤使校正之光緒二十年皖南分巡道袁昶以何氏校本授瓦羨姚士達刊之題曰校正元親征錄又順德李文田嘉興沈曾植各鈔錄何氏校本更加校注[redacted]順德龍鳳鑣合李沈二注繼何氏校本刊[redacted]行之後刻入知服齋叢書中露西亞僧正帕剌的兀思亦得何校親征錄鈔本譯

為露西亞文于西紀千八百七十二年（明治五年同治十一年）刊入東方記錄

喇失惕𩔖丁以元定宗二年（後深草天皇寶治元年西紀千二百四十七年）生于哈馬丹以醫術進仕合贊汗成宗大德二年（伏見天皇永仁六年西紀千二百九十八年）為王國尚書斡勒齋禿汗時仍居此職初以合贊命集錄蒙古史大德十一年（後二條天皇德治二年西紀千三百｜七年）書成上之斡勒齋禿仁宗延祐五年（花園天皇文保二年西紀千三百十八年）被讒為阿不賽德汗所殺（斡勒齋禿汗子）此書用珀兒昔阿文名札米兀惕帖伐哩黑札米譯言集錄兀惕義為屬為前置詞帖伐哩黑譯言歷史義謂歷史之集錄也（下文稱集史或稱蒙古集史）

此書始自亞細亞諸種族之狀態及其地方之形勢與元帝先世

之事實于太祖功業叙之甚詳叙太宗定宗憲宗三朝之事校略
世祖成宗二朝則尤略焉珀兒昔阿諸王自旭烈兀至合贊事蹟
頗詳據自序則當時亦勒罕祕府所藏蒙古之文書斡勒齋禿汗
皆許其參考[redacted]又蒙古之歷史有所謂阿勒壇迭卜帖兒者譯義
即金册藏于汗之寶庫别克乞(都邑之宰)之長老[redacted]守之亦許用為參考書又
都邑之宰四字夾注
命支那印度畏兀兒乞卜察克之學者及大官人普剌惕丞相相
助普剌惕丞相為王國之元帥宰相深悉東方種族之古傳歷史
蒙古人無其儔匹云此書又多據阿來額丁壓塔木勒克主費尼
之蒙古史
主費尼主費因人以地名為姓父巴海列丁謨罕默德主費尼仕

于蒙古憲宗元年（後深草天皇建長三年西紀千二百五十一年）阿來額丁從父至蒙古與于憲宗登極之大聚會（西書謂此大聚會在千二百五十二年然實在前一年六月蓋紀年有誤也）元史憲宗紀此大聚會之後以阿兒渾充阿母河等處行尚書省事法合魯丁佐之法合魯丁即巴海勒丁也後阿來額丁從旭烈兀西征掌文牘西域既平受任為地方大吏世祖至元二十年（後宇多天皇弘安六年西紀千二百八十三年）卒其所著蒙古史名塔哩黑只罕庫沙亦塔哩黑義謂歷史只罕庫沙亦義謂世界之征服者書分二部前部詳敘太祖末十年之事又述太宗定宗及憲宗即位之初之事畏兀兒合喇乞台闊剌自姆之事太祖太宗伐珀兒昔阿之事後部述旭烈兀西征之事木剌希答興亡之事終于憲宗之七年（後深草天皇正

皇正嘉元年西紀千二百五十七年

佛蘭西之朶遜本喇失惕額丁之集史著蒙古史西紀千八百二十四年仁孝天皇文政七年 清宣宗道光四年刊行之朶遜喇失惕額丁之書[redacted]非徒飜譯[redacted]凡主費尼外舊史據喇失惕額丁之書而成[redacted]詳備之新史[redacted]珀帖兒不兒古教授別咧津嘗欲譯喇失惕額丁之書全部為露西亞文與珀兒昔阿語之原文共載于露西亞考古學會記事中其述東亞細亞㐫兒克種蒙古種諸國諸部之事者為第一卷凡三百九十二部其刊于千八百五十八年孝明天皇安政五年 清文宗咸豐八年自蒙古之先世至太祖元年登極為第二卷珀兒昔阿文二百三十九部其飜譯注釋三百三十五部其刊于千八百六十八年明治元年 同治七年千

八百八十七年明治二十年光緒十三年第三卷刊成述太祖之事蹟終此下尚有三卷成否未之知譯喇失惕額丁之書者別咧津之前即有之然皆不及別咧津蓋別咧津非僅得蒙古集史[redacted]精鈔[redacted]本[redacted]能兼東亞細亞諸國語[redacted]實為譯珀兒昔阿文[redacted]之大助也

修正蒙古秘史

喇失惕額丁集史史料據集錄者元初史詳備東方史傳企及非今聖武親征錄以集史較考集史親征錄少言事蹟甚多中東亞細亞種族事蒙古古傳事如普剌惕丞相記憶出者多太祖太宗之西征旭烈兀之經略珀兒昔阿殆皆本于主費尼之歷史然集史敘事與親征錄若合符節之處果何所本耶則自阿勒壇迭卜

以炤

帖兒即金册出無疑洪鈞元史譯文證補云拉施特自謂親見本朝譜牒史策依據成書今以元史親征録元秘史較之則尤與親征録符合用知親征録實由脱必赤顏譯出當日金匱副本必然頒及宗藩否則夷夏異文東西異地何以不謀而合若此本朝譜牒即金册金匱副本即脱必赤顏之寫本洪鈞此説蓋謂脱必赤顏之寫本即金册也可謂允當然則金册即秘史紐察脱卜赤顏乃書之本名阿勒壇迭卜帖兒則書之稱號也刺失惕額丁之史察罕之記實皆秘史所孕育睽隔數百年忽然相見寧非治史學者一快事耶

提行

今欲知二書所同本之秘史是否即今秘史之原本則當以二書相符合之處校今秘史苟亦相符合則所本者必今

秘史之原本也否則非今秘史之原本也今秘史太祖之父也速該為塔塔兒人所毒[redacted]二書皆但言其死不言被毒秘史第一二三卷所載太祖母子自為泰赤兀惕部人所棄至十三翼之戰以前二十餘年間訶額侖夫人艱難長育諸子之事太祖與弟合撒兒殺異母弟别克帖兒為訶額侖所痛責之事太祖為泰赤兀惕所擒困苦遁逃之事太祖追賊時孛斡兒出援之遂為親臣之事娶翁吉喇惕德薛禪女孛兒帖之事太祖謁父友王罕尊為父之事篾兒乞惕人襲虜孛兒帖之事以王罕札木合之援擊破篾兒乞惕復得孛兒帖之事太祖與札木合共營而居既而分離諸部多棄札木合歸太祖遂推戴為成吉思合罕之事二書皆全略以

十三翼之戰直接太祖幼時之事十三翼之戰二書列記諸將諸部落之名祕史無之又此役祕史太祖負二書太祖勝二書有照烈部長來降之事祕史無之斡難林間之筵會與主兒勤部起爭端時祕史謂太祖自鬬二書則謂太祖之衆鬬泰赤兀惕之潰乞濕勒巴失之戰忽刺安忽惕之戰土兀剌河黑林之盟祕史在十一部亂後二書在其前十一部之亂祕史舉十一部首長之名二書但舉部名亦無首長名十一部之會盟祕史僅一次二書有二次闊亦田之戰祕史在十一部亂時二書在伐塔塔兒後詰責王罕之辭祕史簡直二書繁宂乃蠻之古兒别速祕史爲塔陽罕之母二書爲其妻札木合之末路祕史甚詳二書無一語虎年登極

時祕史備載定親衛之制諸將之賞之辭連亘一卷半[redacted]二書亦無一語及之此等差異至末卷尚多則二書所本之祕史非今[redacted]祕史之原本明矣

然二書之叙事行文合于今祕史之處亦頗多今不一一舉之但舉其最顯著者祕史卷十畏兀兒使者奏太祖之辭有云雲霽而見如母之日冰解而得河中之水[redacted]二書亦皆有此語儼如直譯自祕史者故不咧惕施乃迭兒謂觀此語則知祕史之作者與喇失惕額丁所本相同校之他證實為尤確此語稍有病祕史之成在太宗十二年早于集史之成六十七年正集十卷成于太祖時則又在二十餘年前此時畏吾兒歸服未久實在為蒙古人始用

畏吾兒字之時此書之前蒙古未必有何記錄此書實乃蒙古諸記錄之本源也故秘史與集史相似之處非由于其所本之相同實由集史之一部分導源秘史而集史親征錄相符合之處有與秘史不合者則由秘史之原本後世加以修正而二書同本之也修正之故但就二書與秘史異處觀之善讀者自可推料刪也速該之被毒者諱之也刪太祖母子之貧及其殺弟被擒喪妻之事掩太祖之恥辱也刪父事王罕與札木合結為兄弟而得二人之援嫌于後來之仇敵為當初之恩人也十三翼之戰為太祖生平第一次大戰諱負為勝其故不言可知斡難筵會太祖自關[redacted]改增加詰責王罕之辭[redacted]所以重他人之罪也省略札木合

末路之事以其問答中有涉及幼時親交之語也[redacted]
此外尚多備載余所著親征錄證注中今不詳論
修正之意本欲增飾太祖之美然轉失英雄之本真少時之貧苦
敗辱實為後來成功之由何足為諱今欲掩飾此等事而闕略二
十餘年之事蹟何以知太祖創業之艱難何以知宣懿太后之賢
明功烈太祖少時父事王罕[redacted]受其援助故後來王罕雖信讒欲除
太祖而太祖仍推誠不疑最可見英雄之宏量若無少時受恩之
事則太祖之親切殆近于愚乃蠻滅時秘史敘札木合被執從容
就死之事且備載太祖札木合之問答蓋二人幼為親友長為仇
敵以雖屬干戈相見然互相稱為安答終身不渝非張耳陳餘怨
七卅

隙一開忽為路人者比而札木合自知其罪重恥安命亦令人讀之有餘慼焉太祖誅札木合之叛奴褒縱主之納牙阿比而觀之刑賞兩中誠協君道可比漢高祖之赦季布誅丁公其遇札木合寬仁大度由義遵禮勝于漢高之待田横是等美談修正祕史者悉删之[illegible]定親衛之制功臣之賞之詔勅在蒙古史中實如他國古史之有典謨何故删去蓋不可知然此修正實為拙陋此修正之祕史不傳于世而原本祕史通體完善之譯本保存至今實史學上吉祥之事也其太祖之威靈有以呵護之邪洪鈞由别哷津譯本以譯剌失惕額丁集史見其與親征録相合遂疑祕史之誤由不知祕史原本為蒙古史之本源而二書所本者則修正之祕

史故也
元朝祕史聖武親征錄喇失惕額丁集史等來歷一目見易爲左
系圖作
忙豁侖紐察脫卜赤顏蒙古祕史元太祖時撰續集太宗十二年撰

元朝祕史十卷續集二卷明洪武十五年譯

元祕史千頃堂書目十二卷明文淵閣書目五冊續稿一冊

顧廣圻校勘本

文廷式鈔本

李文田鈔本

元祕史十卷續祕史二卷乾隆中金德輿所藏稱殘元槧本其譯文載孫承澤元朝典故編年考第九卷

元朝祕史五冊十卷續集一冊二卷盧州知府張氏所收稱影元槧舊鈔本

宗室盛昱藏本

内藤湖南鈔本

沈曾植鈔本

大阪

# 第二十一 近代之紛亂

## 第六十二章 [redacted]紛亂之發與明清二代之關係

### 第一節 元之衰及其與瓦剌之競爭

成吉思汗發祥之地。在斡難河上源。今車臣土謝圖兩汗界上。迨太宗五年。始徙和林。和林在杭愛山北。今土謝圖汗旗之額爾德尼招。其遺址也。[redacted]元世祖即位開平。今多倫縣。迨後定都燕京。遂以其地為上都。而應昌今克什克騰旗達里泊旁實為弘吉剌氏農土。[redacted]元外戚以居之。故終元之世。漠北常以和林為重鎮。漠南之開形勢。兩呼應。重焉。是次之。然元自入居中國以後。漠北之地。實已成鞭長莫[redacted]及之勢。

故瓦剌紀略

元順帝既失大都，遁居開平。洪武二年，明太祖使常遇春討收之。順帝奔應昌。三年，李文忠復擊破之，獲其孫買的里八剌，及其妃嬪，失傳國玉璽。太子愛猷識理達臘以數千騎遁去，依庫庫帖木兒於[illegible]和林。十一年，卒，子脫古思帖木兒立。二十年，太祖既平納哈出，即軍中拜藍玉為大將，使擊之。明年春，襲破之于捕魚兒海。令脱古思帖木兒與太子天保奴以數十騎遁去，獲其次子地保奴及妃主五十餘人。脱古思帖木兒遁走和林，依丞相咬住，往至土剌河，為其下所弑，并殺天保奴。[illegible]五傳至坤帖木兒，咸被弑，不復知有帝號。有鬼力赤者，篡立，稱可汗，去國號，遂稱韃靼云。久之，知院阿魯台殺之，迎元後本雅失里於別失八里，立為可汗。永樂六年，成祖諭以歸，不從。明年，命給事中郭驥賚書往，為所殺。成祖怒，命邱福將十萬衆征之。時本雅失里為瓦剌所襲破，與阿魯台徙臚朐河。[illegible]之，福攻之，敗殁。明年，成祖自將出塞，追韃靼衆相讎。本雅失里西奔。阿魯台東竄。成祖追本雅失里敗之[redacted]于斡難。回還遇阿魯台。亦敗之。越二年。本雅失里為[redacted]瓦剌馬哈木等所殺。阿魯台來降。封和[redacted]寧王。數年。生聚孳牧。日以蕃盛。遂拘留使臣。不貢使歸。[redacted]多引劫掠。部族亦附。[redacted]窺塞。二十年春。成祖親征之。阿魯台兵棄輜重馬畜北遁。越二歲。成祖再親征。阿魯台遠遁。不遇敵。還。阿魯台數敗于瓦剌。部曲離散。東走兀良哈。駐牧遼塞。[redacted]。宣德九年。為脫歡所襲殺。

瓦剌者。即元明之斡亦剌。清所謂衛拉特也。元亡。其強臣猛可帖木兒據之。猛可帖木兒死。

眾分為三。也先渠曰馬哈木，曰太平，曰把禿孛羅。永樂初，來降。封馬哈木為順寧王，太平為賢義王，把禿孛羅為安樂王。久之，脫歡襲殺。十一年，成祖親征之，大破其眾。進至土拉河。馬哈木死，子脫歡嗣。襲殺阿魯台。並殺賢義太平子捏烈忽、安樂兩王。盡有其眾。欲自稱所向。眾不可，乃共立脫脫不花。以先所并阿魯台眾歸之。自為丞相。其宗正統四年，脫歡死。子也先嗣。也先雄，北部皆服屬也先。脫脫不花具空名而已。也先又攻破哈密。結婚沙州、赤斤諸衛。破兀良哈。脅朝鮮。聲勢日盛。十四年，遂有土木之役。也先與脫脫不花內相猜。治兵相攻。脫脫不花敗走。也先追殺之。景泰四年。自立為可汗。恃強日益驕。荒于色。六年，阿剌知院攻殺之。自已也。先死。阿剌既殺也先。瓦剌復衰。部[redacted]分散。火和翁代次長可致。已[redacted]三。

復為韃靼部長[illegible]所殺。孛來求脫脫不花子麻兒可兒立之。

號小王子。于是韃靼[redacted]麻兒可兒死。眾共立馬古可兒吉思為

孛來弑。韃靼部長毛里孩殺孛來。更立他可汗。有斡羅出。滿都知後

與毛里孩相仇殺。毛里孩遂殺之。立可汗。逐斡羅出。收明[redacted]胃

部勒。入而襲殺不刺。久之。乃孤失汝入寇者。乃後稱小王子。火賊

書中國則稱大元大可汗。是即蒙古。原稱。都稱。所稱[redacted]之。邊延師

也。

[redacted]以上紀事○均據明史、蒙古源流攷證之。順帝亡于庚戌

即洪武三年○與明史合○子阿裕錫哩達喇汗○即愛猷理達臘後以辛亥即

位○在位八年○戊午殂○洪武十一年 弟特古斯特穆爾汗○即脫古思帖木 望僱詛不憂歎

愛理達臘之弟 明○在位十年○戊辰殂○洪武二十一年 子[redacted]恩克卓哩[redacted]圖汗 相○在位四

年○壬申殂○洪武二十五年 弟額勒伯克汗嗣○衛拉特扎哈明安之浩海達

裕○謂哈爾古楚克之妻鄂勒哲依圖洪郭斡即弟吉剌拜濟之美○俾使

求見之○欲納諸後宮○許

以哈爾古楚克為丞相。錫四衛拉特。洪郭斡拜濟不可。汗遂殺哈爾古楚克。納其妻洪郭斡拜濟。浩海達裕誣以所通。已而汗又殺之。而以女妻浩海之子巴圖拉。以為丞相。令領四衛拉特。衛喇特克埒古特之烏格齊哈什哈不服。汗與巴圖拉謀欲殺之。烏格齊哈什哈遂殺汗而反。鄂勒哲依圖洪郭斡拜濟時已孕七月。（建文元年）汗在位七年。子琨特穆爾明（當明坤帖木兒）在位三年。壬子卒。（建文四年）弟額勒錐特穆爾立。在位八年。庚寅卒。（永樂八年）子德勒伯克汗立。在位五年。乙未卒。（永樂十三年）是歲。烏格齊哈什哈殺巴圖拉。烏格齊哈什哈亦卒。其子烏格齊額色庫立。（案烏格齊即鬼力赤之訛音。然漢名素有為其子則又與明史不合。）洪郭斡拜濟之子額勒伯克汗孕已三月矣。而額勒伯克汗見殺。

洪郭拜（斡）濟歸烏格齊哈什哈，又三月而生一子，庚辰，[redacted]名曰阿寨，爲
烏格齊哈什哈愛養之，以己子。[redacted]額色庫者，阿薩特之子也，妹（洋）[redacted]
（人伯）役于巴圖拉丞相。巴圖拉使之負筐拾糞，故負筐之義名之，阿
魯克台。阿魯（嚕）台（味）額色庫既自立（汗），洪郭斡拜濟、阿寨及阿魯克台均給
役（帳）。不識乙巳。洪熙元年，額色庫[redacted]（汗）殂。薩穆爾福晉將此三人均流竄
之。時側料不心[redacted]烏齊錦諾延之子阿岱[redacted]（台）吉。已而蒙古遣
崇。三人均往依之。阿岱台吉，丙辰年生，洪武九年。及是，遂擄洪郭斡拜
濟即位。以阿嚕克台爲太師（台）。伐衛拉特，擄巴圖拉之子巴噶穆。
使給役于阿魯克台。阿魯克[redacted]（台）敢覆于釜甲之[redacted]（義）名[redacted]（言曰）托歡，以
衛拉特伐蒙古，殺阿岱[redacted]。時（汗）歲（年）丙。三年（下統）[redacted]即位十三年。是

歲。托歡亦張。托歡之子額森立為可汗。衛拉特右翼阿拉克丞相求為太師。額森不許。阿拉克叛之。額森敗走。布庫索爾遜之子巴鄂為之。殺而肆誅庫克汗山之上。初阿寨台吉三子。長曰岱總台吉。壬寅生。永樂二十年。次曰阿噶巴爾濟台吉。癸卯生。永樂二十一年。次曰滿都固勒台吉。丙午生。宣德元年。歲己未。正統四年。岱總年十八。即汗位。伐衛拉特。戕至吐魯番之哈喇地方。額森使阿卜都拉徹辰說阿噶巴爾濟。阿噶巴爾濟叛附之。子哈爾固楚克。額森之婿也。謀又睦岱總汗奔哨特汗以。克魯倫河。為郡爾佐沙之徹卜登所弑。時壬申歲也。在位十四年。景泰三年也。衛拉特處哈爾固楚克復仇。殺其父子。額森復其婿。不可。而使阿卜都拉徹辰從阿噶巴爾濟以二部族

李之爲汗。以顧森爲濟農。阿噶巴爾濟許之。哈爾固楚克諫之。又

而殺之。以衛拉特將孛來之二郭羅圖諾拉之福晉，子蒙古勒克埒青

吉囊。丙寅年生。巴圖十七歲，其母以子之衛拉特之衛拉特拉，以之

阿倫稱爲阿克巴爾濟。丙午年。[illegible]歸泰爲之妻，伽其岳乃多郭朗台吉所

害。實十八歲，一子。名博勒呼台吉，丁巳生。七歲。二年。統年十七。巴圖蒙克爲

伯顏年爲前里郭特之摩里海王所殺。伯顏圖濟中絕。伯顏毛里海所

殺。癸未。天順七年。阿噶台吉滿都古勒台吉之子。博勒呼台吉乃阿噶巴爾濟之孫

巴圖。天順七年。丙戌。殁。成化の年。原[illegible]。哈爾固楚克之

孛日巴圖蒙克。甲申生。天順八年。七歲。庚寅。成化。稱達延汗。至の十一

一蒙甲之○所奉宗孔信十七年而下仟信○又の蒙而發云○以上錄楼原
○○唐誤作原合段[redacted]訊其与珎之閲尔于蒙古物之都
汎華多疏姑以史雄粗侍僧与以史顺务猴榗所炊其不足可楞鉎
之情形不備際流役所术
[redacted]二卅又年後隨為豪命始于
本布杏叙其大要○

第二節　達延汗之興及俺荅

蒙古自順帝以後汗位屢[置]易實某部族瓦解久矣之者幸耳所以號稱有漢南地仍明今日三盛地則皆達延汗[illegible]之地也達延汗七歲即汗位其時國勢尚衰弱至所千一歲聖即汗位則已[illegible]漢南北三汗位集蓋前此僅存部族三人季藏之以承隙吉思汗三統緒云後此則仍為漢南北諸部族三德海故存五位如先是麻兒可兒以後韃靼諸部長蓋互相雄長不能統一前此根據地[寧夏]邊移于河套初韃靼之入寇也或在遼東宣府大同或在[illegible]蘭原甘肅去來無常而東不久天順間阿羅出始[illegible]居河套與別部長孛魯乃合成化間孛來與小王子毛里孩等先後繼

[redacted]延。由是延綏撥稼每歲時從。孛來被殺。[redacted]毛里孩、孛魯乃、斡羅出亦稍衰。又有滿魯都初入居河套。擺可汗以別部長[redacted]癿加思蘭爲太師。滿魯都即汗位，原依敗[redacted]成化九年。滿魯都等與孛羅忽入寇。越襲破乘機之。滿魯都等歸。則孛育麗妊滿魯妻妹皆貴之。和碩愁哭之。[redacted]但是不復[redacted]居河套。後患少弭。初癿加思蘭以女妻滿魯都，立[redacted]爲可汗。久之，殺孛羅忽并其眾。益專恣。滿魯都部脫[redacted]羅維于之。亦思馬因謀殺之。尋滿魯都亦死。諸孫[redacted]酋幽長迭入稍亂。屬遼遷延汗。遂獨雄于漠南北之。達延汗以嘉靖時徙幕東方，稱插漢部，即察哈爾也。長子圖魯博羅特先死。孫博迪阿拉克汗嗣。嘉靖二十六年卒。子達賚遜庫[redacted]登汗嗣。三十六年卒。子圖[redacted]們亦吉嗣。是爲

札薩克圖汗，萬歷二十年卒。布延台吉嗣，是稱徽辰汗。三十一年卒。長子莽和克台吉前卒，莽和克子陵丹巴圖爾台吉立，稱庫圖克圖汗（亦作林丹汗）。初，達延汗議以次子烏魯斯博羅特為右翼濟農，鄂爾多斯部阻之，甚，遂治兵相攻，殺烏魯斯。達延汗怒，遣左翼三萬人討，敗之，遂令第三子巴爾蘇博羅特為右翼濟農。卒，長子袞必里克圖墨爾根嗣，是為今鄂爾多斯之祖。次子阿勒坦汗，據四鄉拉特之眾，是即今土默特之祖，所部史謂俺答也。達延汗季子格埒森札札賚爾琿台吉，居漠北，所部號喀爾喀，分左右翼，是為土謝圖、車臣、札薩克圖三汗。俺答與袞必里克圖既嫁，乃交攻袞必里克圖，卒，眾皆歸於俺答。以是俺答益強，屢進犯，盧嘉

靖二十九年、三十八年、四十二年，常三掠敵輔，侍都城。於今於
何如。俺答弟之子曰鐵背台吉。[redacted]鐵背台吉之子曰把[redacted]漢那吉。把[redacted]漢那
吉幼孤，育于俺答[redacted]之妻。既長娶婦，比吉。復聘襖兒都司女，即俺若
[redacted]外甥女，貌美。俺若奪之。把漢[redacted]恚，辛酉來降。俺若乃使乞封貢。於以寧[redacted]。
還把漢那吉歸。封俺若為順義王。由是[redacted]西塞藏來貢和。萬歷
十年，死。[redacted]子黃台吉襲。改名乞慶哈。[redacted]立。三年，死。子撦力克襲。其妻三娘
子。即俺答所奪之外甥女也。歷配三主。主兵柄。為中國守邊[redacted]保塞。
[redacted]家畏服之。敕封為忠順夫人。撦力克死。孫卜失兔立。鄉令不引于
諸部。將[illegible]衰。

第三節　漠南蒙古之降清

自俺荅就款，明邊塞無警，而插漢部漸强，是患遂中于薊遼。神宗時，高拱、張居正相繼爲相，用戚繼光、李成梁以禦之，患乃平。及成梁卒，而林丹汗復盛，時則卜失兔勢衰，林丹汗士馬强盛，横行漠南，遂奪其察哈爾之號。萬曆四十七年，遣使貽書于滿洲，自稱統領四十萬眾蒙古國主，致書水濱三萬眾滿洲國主，且恃其强勍。喀爾喀內蒙古五部，先是蒙古科爾沁奧巴台吉，預九國之師，爲滿洲所破。覲逾數年，滿洲攻烏拉部，敗科爾沁之援兵，奧巴遂降滿洲。天啟五年，清太祖妻以宗女，授和碩額駙，封土謝圖汗。崇德初，其族阿魯科爾沁、喀喇沁等三十六家以於長華威燬歲饑請勅下。許。皆攜貳。又以避林丹汗虐故。爭附喀爾喀。喀爾喀惠收用之。初喀爾喀滅葉赫部。貝勒錦台什（所預之屋女吉）錦台什之孫女。林丹汗妻。必故林丹汗併喀爾喀所藏畀重。釦傑族誥武部。以桿喀兵。會淩丹汗侍強。[redacted]侵土默特部不已。土默特岳部木你楚琥爾。[redacted]約喀喇沁部（粘）乞援于清。崇禎十一年。清太宗大會蒙古諸部[redacted]徵其兵以攻林丹汗。乘遼（河）盛漲。水不豆。王共庭。凌丹汗謀拒戰。而諸部解體。乃率眾十餘萬。由歸化城渡西河。奔走死于青海之大草灘。清兵至歸化城。收諸部數萬而還。明年。其子額哲。師所部奉傳國璽來降。于是漢南諸部。皆折而入于清。

第四節　黄教之興及其與蒙古之關係

蒙古。西藏之地。地勢上本各為一高原。自有史以來。其間之種人。皆若胡越之不相及。惟漢時之內地曾與羌交關。嘗自隴山入去。然其初乃至近世。而蒙藏之歷史忽生密切之關係。則喇嘛教之為之也。喇嘛教之興。~~近見第四十章第四節之~~世祖之尊吐蕃也。以其地廣而險遠。民獷而好鬬。思有以因其俗。而柔其人。乃郡縣其地。設官分職。而領之帝師。立宣政院以總之。其為使位居第二者。必以僧為之。出帝師所辟舉。以總其政於內。外之則帥臣以下。亦必僧俗並用。軍民通攝。終元之世。帝師之命。與詔敕並行於西土。是為喇嘛教徒握有西藏政權之始。始於太祖及成祖冊封。二祖述其故。東西僧之來者。接以法王佛子國師禪師之號。迨為喇嘛教之然。喇嘛。教。之。分。本乘。以七。萬人。之。迷。傳。及其末流。蓋務晦幻術。以惑眾。流弊滋。而紛派。遂乘之。迷越。喇嘛教新派始祖宗喀巴。以明永樂十五年生于西寧衛。習舊教。及長。入雪山修苦行。別創一宗。喇嘛教本出印度。服色尚紅。宗喀巴乃黃其衣冠以示初分。八、稱、因、舊教、曰、紅教、新教、曰黃教。在成化十五年。宗喀巴示寂。紅教之王。世居扎什倫布。以生子襲衣鉢。故不禁娶妻。以宗喀巴遺言、第子、達賴、班禪、喇麻、不娶。世世為、呼、畢、勒、罕。譯言再生濟度、眾生、云。達賴班禪。並居、喇薩。達賴一世教根珠巴。吐蕃王室之裔也。世為藏王。舍位出家。任宗喀巴衣鉢。嫡兼西藏政教之權。二世根敦錯。置第巴等官以理政。而自專治教務。及三世鎖南堅錯。聲聞益遠。初青海之地。本番族所居。以武宗正德四年。蒙古亦不剌及阿尔秃[redacted]厮襲擾之。番人多遠竄。失存者。皆內之。後屬朝。是青海之地。始入蒙古。蒙古勢力範圍。九年。總制彭澤。集議遂[redacted]兵[redacted]攻之。阿尔秃厮遁去。而亦不剌及其黨卜兒孩相繼擾其地。[redacted]凡數十年。嘉靖三十八年。俺答及子賓兔兩兒襲之。卜兒孩竄走。俺答東歸。留賓兔據其地。於是蒙古在青海之勢力益以確立矣。俺答既聞鎖南堅錯之名。萬曆七年。親往迎[redacted]之至青海。及漠南布教。時俺答西侵瓦剌。為所敗。鎖南堅錯戒以好殺。勸之東還。俺答亦勸鎖南堅錯通中國。乃自甘州遺書張居正。饋以儀物。求通覓居云。闡許云。是即中國云。唯覺教云。始錄南堅錯之世。黃教益盛。衔所封為大寶法王及闡化諸王。皆倚节秘弟子。自是紅教諸番王。徒擁虛位。不復能施其號令矣。達賴四世雲丹堅錯。為俺答曾孫。教益昌。始傳及漠北。喀爾喀三汗咸尊信之。欲迎往漠北布教。而為套部所阻。乃有奉宗喀巴第三弟子哲布尊丹巴後身居庫倫。是即今外蒙之所謂活佛云。五世羅卜堅錯。與清太宗同時。崇禎十年。清崇德二年。太宗因衛拉特使始之來。于是達賴。班禪。亦遣使通問焉。迨清世祖入關。遂以順治九年。遣使迎達賴。至京。封為西天大善自在佛。領天下釋教。于是清廷優黃教。以撫綏蒙藏云。時。采。始庫倫。大蒙。等矣。

第五節　衛拉特與喀爾喀之爭及其服屬

厄魯特人稱為衛拉特。先[redacted]後，其衆分為四部：曰和碩特，居烏魯木齊，元太祖弟哈布圖哈薩爾之後，長之。曰土爾扈特，居塔爾巴哈台，元臣翁罕之後，長之。和碩特固始汗始居青海喀木之地。時紅教盛行於札什倫布以西，拉支達之藏巴汗為之護法。崇禎十年，桑結為第[redacted]巴招固始汗入藏，襲殺藏巴汗，奉班禪居札什倫布。于是[redacted]和碩特部棄烏魯木齊，徙牧青海，遂擅西藏政權[redacted]特牧後藏。紅教之根據地[redacted]和碩特之張也。準噶爾酋[redacted]兵準台吉，亦吞格食諸部，逐土爾扈特，并其地。土爾扈特奔窩瓦河。又服杜爾伯特。卒，子僧[redacted]立，為異母兄所殺。弟噶爾丹自西藏歸，誅殺逆者，並殺僧格、長

曰準噶爾，居伊犁。曰杜爾伯特，居厄爾齊斯河，也先之後，長之。

予索諾木阿拉布坦而自立。時康熙十二年也。噶爾丹之在西藏。與桑章于達賴汗立。結瞻。其時固始汗已與桑結有隙。桑結密召噶爾丹。擊殺之。于是準噶爾統一衛拉特四部。勢大張。[redacted]衆叛自信、奉、喇、嘛、教、以、役、皮欠、流、于、文、鷄。而東遷、土謝圖、札薩克圖三汗。（隆傳召之）又心力不齊。準噶爾既逐土爾扈特。地與喀爾喀鄰。汝後并天山南路。後觀。遂蓄哀東眺。自伊犂徙牧阿爾泰山。使杜爾伯特部耕牧其間。以騎軍侵。康熙二十六年。使人于土謝圖汗。故使激汗怒、汗報之。準噶爾以為名。二十七年。以三萬衆襲喀爾喀。三汗之衆數十萬。同時奔潰。走漠南降。聖祖命發粟振之。且假以科爾沁地。使之放牧。噶爾丹使求土謝圖汗。聖祖不許。二十九年。自率衆窺

伺漢南。詔發兵擊破之。噶爾丹遁去。明年。聖祖親出塞。大閱于多
倫諾爾。以綏服喀爾喀。三十四年。噶爾丹復入寇。以騎三萬。擾克
魯倫河上流。上親征。命將軍薩布素。以滿洲科爾沁兵出其東。費
揚古以陝西甘肅兵出其西。車駕出獨石口。親渡幕迫之。明年。四月。
度瀚海。噶爾丹遁去。上親追之。不及而還。噶爾丹西行。至昭莫多。
(乘)土謝圖部內訌以東為費揚古所敗。喪失頗多。三十六年。上
以噶爾丹窮蹙。再親出塞。至寧夏。命阿思哈薩布素會費揚古留
防漠北之兵。深入討之。噶爾丹自東徙後。伊犁舊地。為其兄之子策
妄阿布坦所據。自阿爾泰山以西。皆不聽命。回部。青海。亦乘機叛
之。噶爾丹居鄂爾坤支擦塔米爾河畔。日窮蹙。聞大軍出。遂自殺。

阿爾泰山以東思和實爾氏三部，後還治漠北。

噶爾丹（丹之雜甫和碩羅）藏丹津之難，後趨羅卜藏丹津者，固始汗嫡孫也，陰有懷

復霸業之志。康熙六十年，聖祖崩，羅卜藏丹津乘之，誘青海諸部

從已，又約策妄阿那坦為外援，青海諸剌麻亦助之。世宗命年羹

堯、岳鍾琪往討，此和鍾琪乘青草未生，出兵掩其帳，丹津出不

意，遁，俘其母妻而還。分其地，賜不附逆諸厄魯特，設大臣駐西

寧以統治之。令舊屬和碩特諸族各自為部，不相統屬，以分其

勢，且不設盟長，以西寧辦事大臣蒞盟，羅卜藏丹津之叛也。

自噶爾丹大潰，投策妄阿那坦，詭執獻之，不敢聽，離已五年，策妄阿

那坦死，子噶爾丹策零立，朝廷復請執獻之，不聽，第諸傳察屯阿

爾泰山。岳鍾琪屯巴里坤。兩路進討。會羅卜藏丹津謀叛。噶爾丹策零挾之。使言若大兵不出，願以獻。詔許之。策零窺覘備弛，遽縱兵犯巴里坤。又使謀誘傅爾丹襲科布多。兩路兵敗之于和通泊。在科布多西二百里詔錫保代將軍。大學士馬爾賽屯歸化城，為之後援。又以岳鍾琪防戰多失機，以張廣泗代之。準噶爾分兵兩路，以一軍屯烏魯木齊，以綴巴里坤之師。一軍屯厄爾齊斯河，越阿爾泰山。犯喀爾喀。三音諾顏部長策凌大敗之。十年，噶爾丹策凌再進兵入犯，亦為策凌所敗，乃請和。乾隆二年，定以阿爾泰山為準部界。喀爾喀游牧之界。策凌者，元太祖十八世孫圖蒙肯之裔也。當明末，紅黃兩教互爭。圖蒙肯右黃教，達賴賢之，授以賽音諾顏之

鄉○旗投歸土謝圖[redacted]汗○至是請達[illegible]○分土謝圖汗所[illegible]

之二十一旗歸之○授扎薩克○[redacted]使獨立為一部不復隸土謝圖汗如喀爾喀四部例[redacted]

[redacted]乾隆十年○噶爾丹策凌死○仲子策妄多爾濟

那木扎爾立○十五年○姊夫賽因伯勒克弒之○立[redacted]策零長子刺麻

達爾濟○部眾不服為貴族所戕○欲立[redacted]零少子策妄達什○達爾濟殺之○大小策

凌者○于準部[redacted]握兵柄○達爾濟殺小策零子達什達瓦○大策

零孫達瓦齊結輝特土爾扈特屬部居塔爾巴哈台部長阿睦撒納○殺達爾濟自

立○復與阿睦撒納相攻○阿睦撒納來降○二十年詔班第北路○永常及降人薩拉爾由南路○攻[redacted]○五月○

至伊犁○達瓦齊走烏什城○主霍吉斯執以獻○獲羅卜藏丹津○高宗

乃以杜爾伯特和碩特二部王舊○以輝特補土爾扈特之缺○以

綽羅斯代準噶爾。故以降人爲汗。使如哈薩克喀爾喀例。長爲外藩。而阿睦撒納欲並長四部。行至烏倫古河。遁去。請剌麻轉奏應之。班第兵敗。自殺。永常退守巴里坤。二十二年。三月。詔兆惠出西路。成袞札布出北路。討之。會諸部內鬨。痘疫盛行。阿睦撒納又被擊。奔哈薩克。再走俄羅斯。死。俄人還其尸。兆惠等留剿餘黨。至二十五年乃平之。天山北路。以兵駐防伊犁。烏魯木齊、塔爾巴哈台。設兵耕種。其間設伊犁將軍以節制之。烏梁海則分隸于定邊左副將軍。及科布多參贊大臣爲畢部屬。時凡戶二十餘萬。口六十餘萬。是役也。死于痘者十之四。逃入俄羅斯及哈薩克者十之二。殲于清兵者十之三。存者不過十一。人語爲衛拉特之一隅都云。

第六節　和卓木據天山南路及其平定

天山南路之地。在元時均屬察合台後王。明初。已定甘肅。以番州

為重鎮。于甘西。則設安定、漢蒙羌阿端、[redacted]曲先、在陲泉好西南罕東、左有西縣

境誠衛。皆隸西陲。又設赤斤三百四十里在嘉峪關西沙州即城州地川王衛。綏番

州。更其外。則為哈密。今新疆哈密縣其後土魯番今新疆魯番縣土哈密為所

據。并據罕東赤斤。而西先據定二衛。則為蒙古是亦不剌所不花

所所夜。見于是西陲之屏[redacted]藏云。而患遂中于甘肅。然當是時。分據。

天。山。南。路。諸。城。其。程。均。為。察。合。台。[redacted]。後。裔。勢分。而。弱。初。和。是。為。大。

是。也。及回。教。徒。和。卓。木。之。裔。據。之。而形。勢。乃。一。變。[redacted]

初察合汗洲

[redacted]閱裔先裔阿帖木兒。復戰于撒馬兒罕。又見帖木兒亦信回教。故教國

教學士。每集女部。而摩訶末裔和卓木。尤見尊信。和卓木二子。長日加利宴。次日伊撒克。始遷居喀什噶爾。加利宴之後。稱白山宗。伊撒克之後。稱黑山宗。天山南路。回教之權。歸其手。而白黑兩宗。報讎殊甚。康熙時。白山宗亞巴克。爲黑山宗所逐。奔西藏。乞援于五世達賴。十七年。噶爾丹以達賴命。入喀什噶爾。納亞巴克。長執元裔諸汗。遷諸天山以北。于是天山南路。皆入于準部。而噶爾丹使輸賦稅。版緣授。且質其酋于伊犂。準部形勢。遂益張。及策妄阿那坦立。復擯斥白山宗。代以黑山宗。白山酋馬罕木特據葉爾羌謀自立。策妄阿那坦執之。係於伊犂。其二子。長曰布羅尼特。次日霍集占。所謂大小和卓木之。達宗濟云。釋大和卓木。使綏輯

天山南路○酋小和卓木于伊犂○掌回教○阿睦撒納之亂○小和卓木
助之○借兵定伊犂○小和卓木逃歸○遂自立○執清所遣使○詔兆惠移
師南伐之○兵少不敵○被圍于葉爾羌○阿爾德往援○亦被圍于呼拉
木○援至乃解○時乾隆二十四年三月也○大小和卓木和○偏信在伊犂
時從鄉兵○而疏伏舊部○又戰爭之際○賊稅煩數○眾益解體○二十
五年○六月○兆惠及阿留德復進兵○遂喀什噶爾及葉爾羌○大小和
卓木奔巴達克山○其酋執之○以獻○天山南路平○于是設參贊大臣○
駐節喀什噶爾○回部諸大城○設辦事大臣○小城設領隊大臣○以治
軍務○城皆設伯克以治民○二十九年○烏什反○討平之○參贊大臣後
徙喀什噶爾駐焉○布羅尼特之云也○其子薩木克○寄喀什噶爾

遺民奔敖罕。清廷歲賂敖罕銀萬兩，使禁錮之。薩木克子張格爾，以說經傳教，復得回衆尊信。往來傳食諸部。天山南路初定，朝廷以回[redacted]衆強悍，頗注意撫綏。租稅四十而取一。各城事領隊大臣，皆擇滿員之賢者任之。回部遭大亂，驟獲休息，頗相安。中葉意亦漸怠。漸用侍衛及在外駐防之滿員。[redacted]皆貪婪，年獻正供之外，需索百端。甚求之佃克之，不謀謀。又廣漁回女。回民胥怨。嘉慶末，斌靜為參贊大臣，尤荒淫。二十五年，張格爾遂犯喀什噶爾邊境，兵擊卻之。[redacted]道光五年，張格爾復出入邊。邊命領隊大臣巴彥巴圖出兵搜捕，不直，殺遊牧布魯特百餘人。布魯特追殺之。西四城回教徒聞之，一時俱變。六年六月，張格爾以敖罕兵入寇。官軍禦之○敗績○喀什噶爾英吉沙爾葉爾羌和闐相繼俱陷○賊東犯阿克蘇○詔楊遇春武隆阿以陝甘兵及吉黑騎兵討破之○張格爾復走出邊○索之不獲○復縱反間言官軍已撤○張格爾復入寇○敗績○走布[redacted]魯特○布魯特乃執獻之○于是清廷復詔敖罕執獻張格爾家屬○敖罕不聽○清廷絕其貿易十年○敖罕以兵資張格爾兄摩訶[redacted]木○俾入寇○約[redacted]年○私議乃定○敖罕仍為伊國藩屬和卓木族○而中國亦許其互和○同治初○新疆回[redacted]亂張格爾子扎紫布蘇格○復借兵敖罕○入據喀什噶爾○[redacted]亦為○其將阿古[redacted]柏[redacted]帕夏○[redacted]弒而代之○盡有南路之地○宅都阿克蘇○英俄諸認為獨立國○俄與新通商條約○英印度總督○亦崇遣使修好○天山南路幾亡○幸左宗棠[redacted]力主用兵○乃平之○然俄人乘機占據伊犁○及事

索遠李儀全至九百萬處而西邊疆且多所損失焉蓋天山南路
自大食盛唐以來天方教已蔓行于其地及回紇補人入據其疆信
之功尤深如蒙古之族以名言爲廣辭末段勸以勢力訓
之由崛起侯族其地東鄰數百年用物先發精多宜其能爲廣爲是
之深也

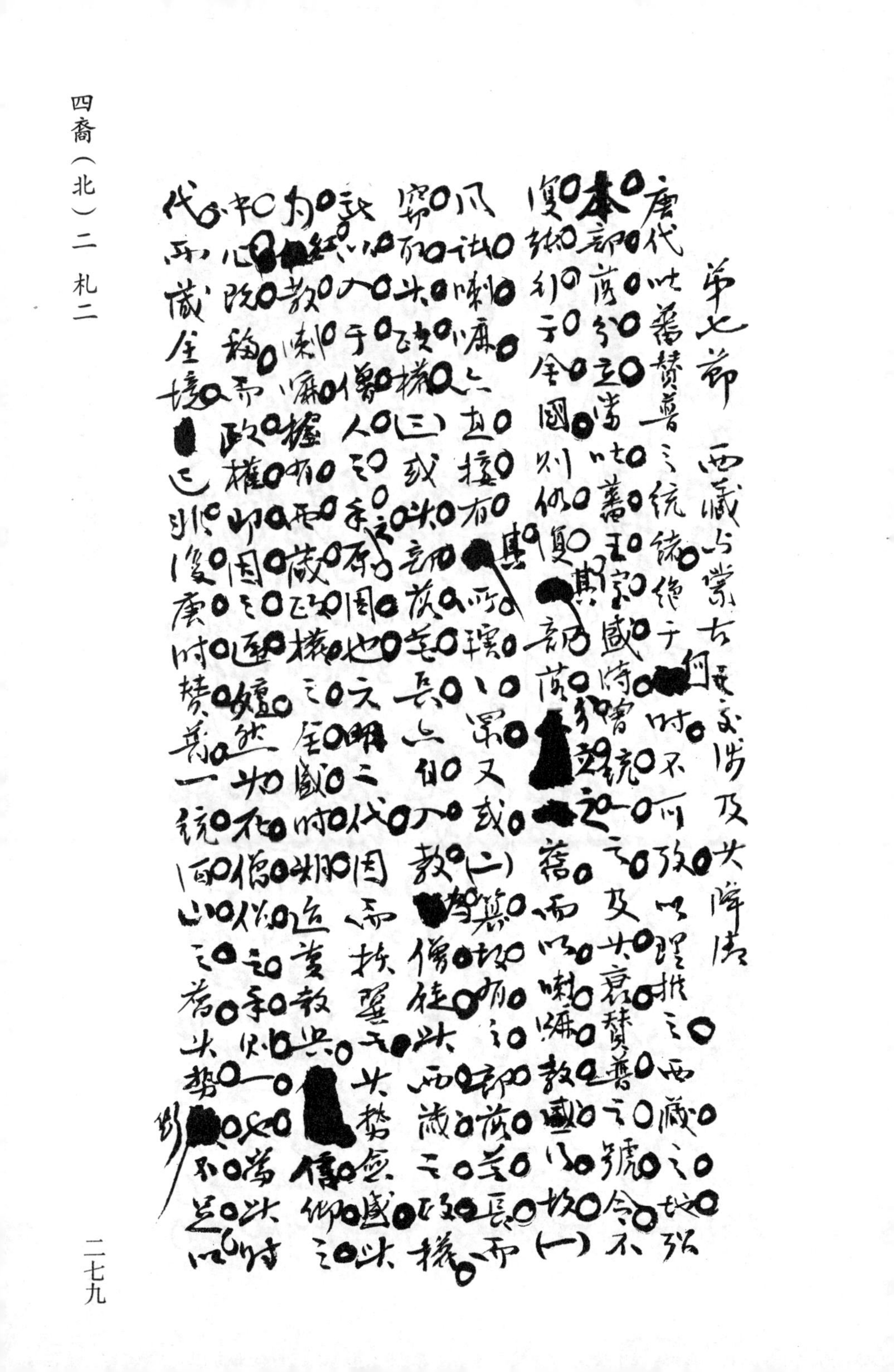

第七節 西藏與蒙古之關係及其降清

[illegible]

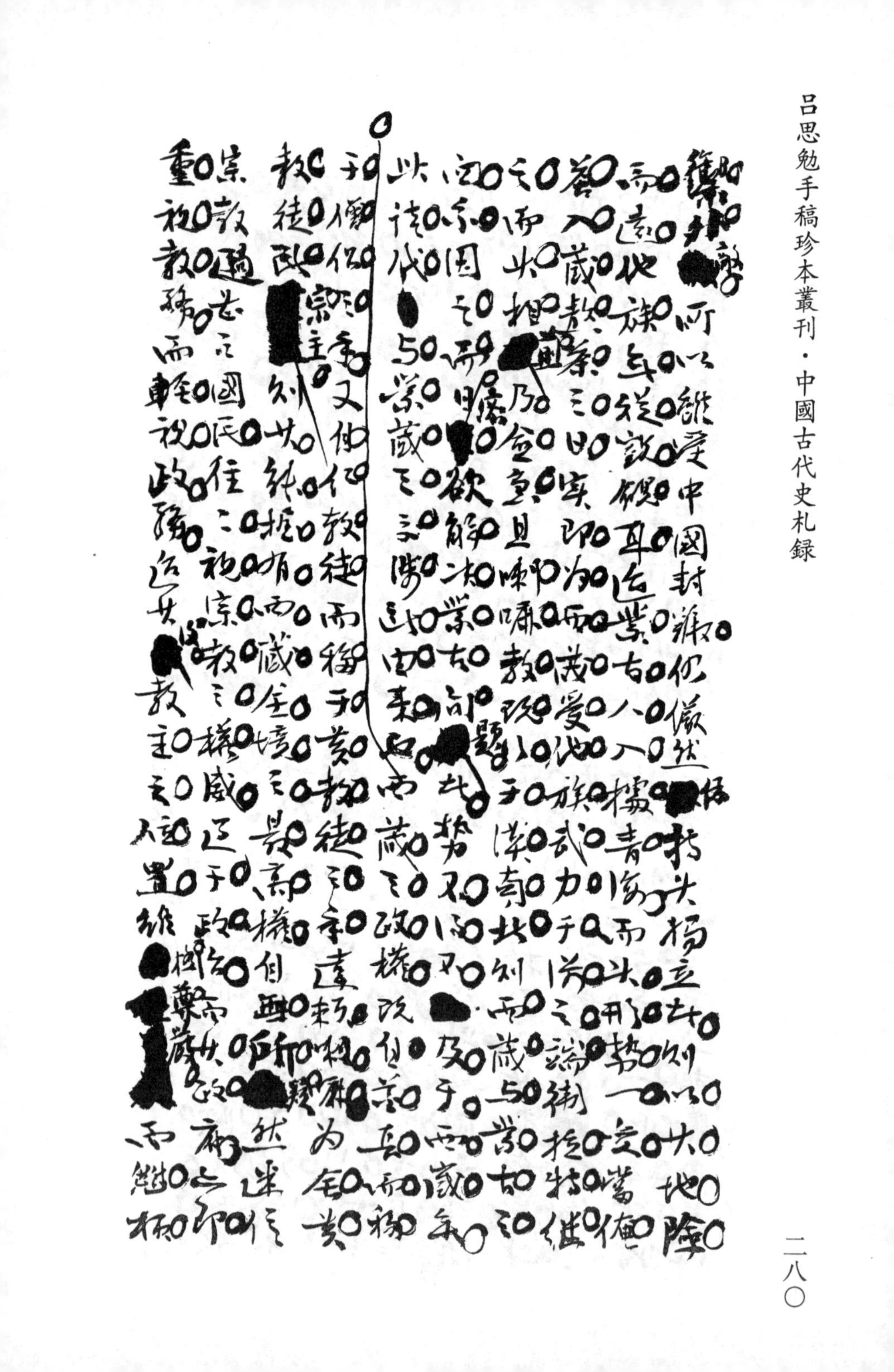

[illegible]

則已辦務而不能覺此亦信教迴寫之國之通藥西藏又章而立
與之門當達賴五世時第巴桑結擅權全藏之政遂為而藏變
外力于準之部與固始汗及噶爾丹之[redacted]交陷之見前康熙二
十五篝達賴五世卒桑結秘不發喪矯達賴命請封詔封為圖伯
特王桑結與噶爾丹比噶之內犯聖祖因已疑之三十五年破噶
爾丹俘厄魯特部眾乃盡得其狀賜書切責之明年桑結使人奏
達賴脫偽[redacted]十六年今時生已十五歲將以十月立之懇請部察
聞達賴死或有擾動乞暫秘其事許之時[redacted]方傳檄西北命許郡都
屬噶爾丹策妄所部已奉詔出師桑結使者過諸達告[redacted]達賴
已死勿妄動且使青海諸部族赴察罕陀羅海危邏意匪則合噶

朵丹蹙自殺。桑結去乃不得進。時固始汗曾孫拉藏汗。嗣為和碩部長。復謀干涉藏事。與桑結不協。四十四年。桑結謀毒拉藏汗。拉藏汗集眾討誅之。奏[redacted]廢桑結所立偽達賴。而立新達賴[redacted]六世伊西堅錯。詔封拉藏為翊法恭順汗。錫[redacted]青海諸[redacted]蒙古。皆以拉藏比立達賴為偽。自奉裏塘之噶爾藏丹錯為新達賴六世。迎[redacted]至[redacted]青海。詔賜冊印。俾暫居西寧之塔爾寺以調停之。而策妄阿布坦侵藏。初[redacted]噶爾丹之嗣位。欲殲其兄僧格遺族。僧格子策妄阿布坦奔伊犁。及噶爾丹死。策妄阿布坦謀[redacted]統一衛拉特諸部。而和碩特部自拉藏汗討殺桑結後。勢浸張。青海西藏皆聽其號令。策妄阿布坦乃偽致拉藏汗姻。嫁之以女。又贅其子丹衷於伊拏○不令歸○康熙五十五年○策妄阿喇布坦使大將策零[redacted]敦多布以騎兵六千分和闐入後藏○明年○以[redacted]送丹衷夫婦歸國為名○實入拉薩○戕拉[redacted]藏汗○幽六世達賴○西[redacted]安將軍額倫特督兵援藏○策零敦多布使總大鑲逆○自章黑嚮毛[redacted]喀喇烏蘇上流○額倫特全軍覆沒○時五十七年九月也○事聞○以皇子[redacted]允禵為撫遠大將軍○駐西寧○川督年羹堯治兵成都○約兩道並出○會西藏人民亦[redacted]承認青海諸蒙古討達賴為真○乞兵護送入藏○青海諸蒙古亦○願翊衛達賴○五十九年○詔都統延信督西寧軍○護軍統領噶弼督川軍○兩道入藏○策零敦多布自督兵拒西寧軍○再戰再北○而川軍已繞大後入拉薩○乃由舊路逃竄○九月○達賴亦廿入[redacted]拉薩○詔[redacted]以拉藏舊

唐、康、僑、舜、臉、羅、婆、分、葉、而、藏、政、權。收、巴、塘、裡、塘、[redacted]以、東。[redacted]埒、乎、

川。太、中、甸、維、西。諸、[redacted]雲南。于是。俾川。滇。入。藏。之。路。[redacted]甫。兩[redacted]廣、東。達。對。至。

西。藏。之。勢。力。為[redacted]確。立。矣。

第八節　清定廓爾喀

策妄之難甫和，而廓爾喀之難復起。其信果，遂使信逐對于西藏，益礙，漢其勢力。廓爾喀者，原付之尼婆羅，奔之佛國，近其喜馬拉雅山之南，有一種游牧種人，入而之，是稱廓爾喀，其眾分為三部。萬西歷千七百六十年乾隆三十三年左右，其首長布拉蘇伊那拉國始起而統一之，以加德滿都為首都。布拉蘇伊那拉國卒，孫蘭巴哈都爾立，年幼，叔父攝政，好侵略。乃十五年，第六世班禪入都，祝高宗萬壽，得賜賚及內外王公布施甚多。班禪以疾卒于都。喪還，其兄仲巴胡土克圖吞蝕之，弟舍瑪爾巴以紅教故不得與，怒，走廓爾喀，導之入寇。五十五年，廓爾喀大侵藏，侍衛巴忠等往援不致戰。使藏人許歲幣萬五千以和。明年歲幣不足約。廓人再舉深入。駐藏大臣保泰移班禪前藏，以後藏委敵。仲巴已攜資財遁去。廓人大掠扎什倫布。分兵以半留屯，以其半載輜而還。事聞。詔福康安、海蘭察討之。五十七年二月，逐其兵。六月，大舉大其國。分兵五道。六戰皆捷。距加德滿都僅一日程。廓人懼，乃請和。定五載一入貢。時清廷遂注意于西藏。禁藏人與外人通，于印度尤密。又增置戍兵。令駐藏大臣外事、儀制與達賴、班禪平等。重權政治、外政、軍備之權。以呼畢爾罕繼續法，積久生弊。乃飭掣籤之制。頒金奔巴瓶二：一貯西藏大寺，一貯京師雍和宮。凡達賴、班禪及內外蒙古大胡土克圖輩轉生，特[redacted]列於名牙籤。偕諸金奔巴瓶掣之以息爭議云于是西藏之政權復受傳[illegible][illegible][illegible][illegible]
喇嘛教徒全握政權以來之一變局也

第四節　建州衛之建置

阿哈出既受明職，爲建州衛指揮使。其後又以從軍有功，賜姓名李思誠。（見稻葉氏清朝全史）其子釋家奴，亦以永樂八年，賜姓名爲李顯忠。（稻葉引明實錄。稻葉因此推論謂阿哈出必先于永樂六七年間）至十年，乃就建州居住。蓋以此阿哈出雖受[redacted]職，嘗從軍立功也。後又以朝鮮之壓迫，而徙婆豬江。（見上節。作婆豬江）明史朝鮮傳：至正統三年，後徙住竈突山東南渾河上。所謂竈突山東，以滿語譯文求之，即今興京西之楠哈達。（呼楠）（譯言竈。哈達譯言山。以上均據稻葉引明實錄。）

猛哥帖木兒既受職于明，亦臣服朝鮮。朝鮮太祖授以萬戶之職。至世宗，又升爲上將軍。（稻葉引明實錄：正統六年二月丁酉，朝鮮國王李裪奏：先宗齊居鏡城阿木河，即太祖高皇帝賜服之地。其親兄猛哥帖木兒苗。欲深露野狄給攻剿。
不能自存，臣祖恂之。樊川若户職事，為作公廨，給以俾僕衣糧鞍
馬，擢授備至之臣父。永樂八年，朝鮮太
世川上將軍職事。宗十年，女真寇朝鮮之路，為朝鮮
棄其地。後明即于其地設建州左衛。朝鮮大駭。永樂十五年，乃升富
兵為慶源。劃鏡城至龍耳以北之地為都護府，設柵屯兵以守
之。穩葉引朝鮮
錄。並藥書紀述宣德八年冬，猛哥帖木兒為七姓野人所殺，事見
朝鮮記載亦謂其被殺于瓦狄哈之楊木荅兀。兀狄哈窩集之
對音。喜吟當浮人也，猶言林木中百姓。蓋其人凡有七姓，其酋長稱
名楊木兒何為遠名山藏稱葉
若乃了童倉、弟凡察，挾衛印，遂入朝鮮。
月丁不朝鮮國王李裪奏謂野人復殺猛哥。引以實錄正統六年二
帖木兒並殺其子阿古，則清學者尚有一答。據明實錄正統三年
童倉奏中稱凡察為林都督。正統五年，又有勅諭建州左衛都督
凡察之文。則猛哥帖木兒死後，凡察實襲其職，年及善山出乃

與之爭印。何喬遠名山藏記其事，謂童倉之弟董山，嗣為建州衛指揮，更給新印。嗣凡察歸，詔以故印予董山，而繳還新印。凡察不和，乃更分左衛，置右衛，以新印給董山，俾領左衛；凡察仍持故印，俾領右衛焉。東華錄謂肇祖之子長充善，次褚宴。章及董之為係姓，既如前述。倉為褚宴，而童倉之合音；董山即充善之對音也。蓋董山實孟哥帖木兒長子，理當承襲，而凡察以業已襲職，不肯繳印。略述之，以其寫述未晰，采擇其曲直，於此紛如設之衡，以為調停也。凡察襲職于破姓之條，似即清實錄之所謂范察，雖其數事實俱不相合，然清室之先，本無史記，部族事迹，但憑傳述，固不能保其無訛。[redacted]據明實錄所載，皆正統間事，勅其仍回朝鮮鏡城居住。

而凡察未能遂勅。仍回佟江之支流蘇子河。至正統五年。乃勅遣東從兵夜胥纂。移插之于婆豬江。至。蓋是時。朝鮮世宗方銳意根境于外。令其將軍李蒧渡江攻擊兀彌府之地。（在佟家江流域。明史朝鮮傳訛作九彌府）故凡察為其所逼。不能南竄也。自此以往。建州左衛遂衰。失創建州之地。（今朝鮮會寧府所屬）而移于今佟家江流域矣。凡察卒于正統十一年。至景泰元年之間。（稻葉氏說）爾為右衛指揮使者。不詳何人。而左衛揭威。

## 第五節　董山之崛起及其卒後建州之中衰

建州復盛實賴董山既受衛職勢驟張蹤躒群酋上正統時煽誘北虜入寇殺掠不絕景泰中巡撫王翺遣使撫諭乃稍歸所掠復款關（之撫名黄道周建夷考據明史列傳王翺）既後復求朝廷以一身兼三衛都督之職又親赴朝鮮假以中樞院使中憲大夫已明廷復特開撫順關乃建州專設馬市（據稻葉氏清朝全史明史朝鮮傳天順三年也叔奏有建州三衛都督私與朝鮮結恐爲中國患想即董山要求既遂之後）蓋其時建州部族方興紛之餘董山深知挾鮮于明一切部頷之脈計施于撫加而皆由衷就撰而重和之術以早時又得藉此輸入中國之文化俾建州部族之器如源予此矣後董山後以賞賜太濫失望仇毛憐衛而謀夷遂與其黨成

化二年。遣都督武忠往諭。撒敦葦山。羅鶻寨。尋降之。建夷逆命。將軍趙輔率兵五萬出撫順。以征建州。屠虎城。一作古城。此。明人取呼鞝之字也。別隊由鳳凰城進。屠山寨萬千。朝鮮亦由鴨綠江會師。破兀彌府。殺其建州都督李滿住。及其子古納哈云。朝鮮史。此李滿住為乃建州衛之指揮。特不詳其名耳。

明初。討于東北之邊防。極為注意。自洪武四年。元遼陽平章劉益降。後設遼東。都司于今遼陽。越二十年。更降元丞相納哈出于金山。在開原東北開原以南。皆帖首內向。乃封韓王于開原。寧王于今喀喇沁。新城。遼王于廣寧。以控遼河流域。永樂之初。遣行人邢樞撫諭黑龍江以南。招致今、庫、頁、島、之、民。從、遼、東、至、奴、兒、干、之當經詁。因之時之詁亦置驛四十餘所。于今吉林省境。造戰船。設船廠。七年。遂設奴兒干都司于黑龍江口。其于東南。亦盡令朝鮮之咸興一帶。屬鐵嶺衛。蓋咸鏡道者。元時先屬中國也。前之遼東都司。更設東寧衛。凡鴨綠江之鴉谷。入朝鮮之江界。置驛七十。除遼建。如左衛之設。實在今朝鮮會寧府之同谷。則自南原越松花江之上源。而度圖們江矣。正統以還。守禦之款。模糊。三年。收兜于都司。改退設于鐵嶺衛。而建州左衛之故地。亦以是時亡于朝鮮。其守禦之謀。則當正統十年。利用遼河水險。排列木柵于大河岸。後築土壘。開以水陸驛站。及築邊墻。西起山海關。東抵南原。以北。而今新民縣一帶之沃地。遂委于敵。成化移。由南原抵撫順。轉抵安東、寬甸築長柵。是時明東北今有撫順、開原、鐵嶺一帶，東南則限于連山關。成化三年，拓地三百餘里，直抵今鳳凰山邊。董山為建州名酋，其死也，部族之家深為不平，乃戴其子脫羅而之復仇。據清實錄，充善三子，長曰妥羅，次曰妥義謨，次曰錫寶齋篇古。妥羅當即脫羅之轉音也。時明將趙輔驕功，既屠虎城，自誇大功，爭製平東賦，謂此役直滅建州。然師旋未幾，東北邊遠告警，邊牆被毀鈔，無虛歲，皆以為董山復仇為詞。稿業據明實錄，明以知其不可擄。旋赦脫羅，仍襲指揮職。他從犯其時降秩，而仍襲官。女真乃復通貢，然寇鈔仍不絕。成化中葉，有指揮管某言南原縣被擄人之事。海西兀者前衛都指揮李撒赤哈入京，管向索珍珠豹皮苛擾。

撒赤哈訴許綳。兵部移文遼東。勘其真僞。發囉。嬀兀者奉衛都指
產察。令作證。言無此事。撒赤哈聞之。深怨產察。聲言亦糾爲寇于
遼東。遼東官吏恐壞大事。作書指撒赤哈親來廣寧對質。撒赤哈
主府命。率所部數十人。由撫順關道赴廣寧。附參將圍後守開原。
恐撒赤哈至。必多所暴露。乃報言海西女真。去不從撫順關入
邊。一旦使熟悉所路。他日之患難測。廣寧官吏爲所賄。即阻撒赤
哈。勒羅于中途。撒赤哈已入撫順關。得命。大怨於所爲。誓以絕其
恨。弛生關去。時建州方欲報董山之怨。日思結海西以厚其加。幸
撒赤哈自來。邀留與之款洽。不令還返。於是建州海西相握手矣。
先是董山以聯絡海西爲大欲。事頗有迹。馬文升言董山黠梟雄

傑黠。乘機煽動海西等八。正指其事。策來太行。黃山援首。至此乃告成焉。撒赤哈之父留不過。又升以為都。明建知脫羅哥將結海西為患尚未時。朝鮮屢被建州兵。朝鮮國王李娎成宗乞朝命戒飭建州。明邊亦不協其擾。成化十五年。發出師征建州。十月命朝鮮出兵夾擊。朝鮮遣右贊成魚有沼往。有沼即成化三年擒李滿住父子者也。是役。以冰泮陸難。不足敵而還。明兵亦無功。建州猖獗如故。明但勅遼東整飭邊備。并戒朝鮮無輕動。而遂。繼脫羅。憑藉先世餘力。女真人某為之用。其人非有過人知。久而不擾。建州衛中衛脫羅卒年無考。其弟錫寶齊篇古加。帶長建州與否亦未詳。正德向。錫寶齊篇古之子都督福滿。嗣為建州左衛指揮。以上均擬稻葉清朝全史知成化十五年之稱。亦見明史朝鮮傳。都督福滿。清人追謚爲興祖。然其人絕無事迹可見。清實錄所載。但謂其生有六子。長德世庫。次劉闡。次索長阿。次景祖。次包朗阿。次寶實而已。然其名冠以都督二字。與肇祖相同。殆必受有明官職。且自景祖以下三世。均未追謚。而興祖則有之。興之一字。尤含有衰而復盛之意。則其人必爲建州部族所愛戴。稻葉氏句稽明實錄。清先世之系。自景祖至妥羅三世。及景祖顯祖之可據。均確有其人。惟興祖則了無事迹。其名爲福滿。亦無對音之字。因疑建州左衞之統系。實至董山而中絕。其後入主左衞者。乃爲別一部落。然其理由亦不甚完足。近人或云。稻葉氏書載正德間建州左

衛都指揮兀升哈○要示明建州職之一表○共表文學譯○建州左
衛都指揮使兀升哈謹奏○我祖自正統年間投至衛門○除授官
職至今六七十年了不曾陞賞○今來頭目塞因前去天朝叩頭進
貢方物○可憐見討陞一級職事○奏得皇帝知道○建州左右衛分
設○在正統七年○自正統七年壬戌下數至弘治十五年壬戌爲六
十年○至正德七年壬申爲七十年○六七十年之間必在正德初年○
當成化三年丁亥○董山被殺○脫羅代領其衛○至正德元年丙寅○恰
爲第四十年○正世次相襲之會○表文所云未陞一級○當或得請○
建州○當時張視中朝○夷職甚貴○故以中興之業歸之兀升哈○愛新
之對音○吟作尚無○語稱人○表文但稱他人○或失真名爲稱當時

廷氣昆辨其緒修之名學於以九外於入表其實即與祖如然

清斯進為兩異祖之人而失事遂之荒昧乃至此則為果而建始

反衡之義徵亦可見知

第六節 葉赫哈達之盛衰

成化以後，建州衰，而海西繼起。海西，明初所謂女真之衛之一。然係乘條于海西地方之部族，非即明初之海西女直也。其種人，清時謂之扈倫，明史謂之忽剌溫，以來居黑龍江支流忽剌溫江沿岸，係名據大地，乘實明初之衛中之野人女直也。其後稍稍南遷，蓋至正統時，而海西女真遂為所逼，大部衆凡分為四，曰葉赫，曰哈達，曰輝發，曰烏拉，而葉赫哈達二部尤強。哈達之名，不知其所自始，以滿洲語譯之，則為山峯之意，或其衆初居山寨，因以是名歟。至葉赫之衆，則來自蒙古，姓土默特氏。弘治正德間，葉赫部族乃移于海西，其酋長祝孔革築城于今吉林西南、三、四、三、如上。所述曾據以都督之職。而祝孔革居地。當海西要道。遂壅絕貢路。跋扈不臣。後為哈達萬王台所殺。王台即哈達名萬。速黑忒之孫也。速黑忒當嘉靖十年時嘗居左都督之職。其居地在松花江。距開原四百餘里。為江北諸夷入貢必由之道。速黑忒士馬強盛。甲于諸部。其下因徹之稱之曰萬汗出。即王台也。王台之殺祝孔革也。所遂深毒之。然祝孔革之子。一曰逞家奴。一曰仰家奴。據開原東北鎮北關附近之地。怨王台殺其父。陰圖復讎。王台患之。欲以女妻仰家奴以釋其怨。葉赫不可。頗結婚于蒙古。而勢大張。王台四子。長曰虎兒罕。次曰歹商。（清實錄作代善）次曰猛骨孛羅。次曰康古陸。虎兒罕嗜殺。部下多奔葉赫。由是葉赫漸盛。哈達日衰。王台以虔死，時明萬曆十年也。其子互相爭。部族益衰。三弟康古陸遂逃奔葉赫。借兵加野覆宗國。虎兒罕旋卒。歹商主部事。葉赫攻之益急。萬曆十一年。總兵李成梁伏兵邀仰家奴逞家奴殺之。并其二子。哈達遂息肩者數年。那林孛羅繼為葉赫酋。萬曆十四年。復以兵圍哈達。明援兵至乃退。于時歹商猛骨孛羅康古陸擁眾互爭。（赤治）成鼎立之勢。久。葉赫復攻哈達。康古陸約為內應。猛骨孛羅[blot]那林孛羅所害。孤。哈達勢日衰。成梁閔之。出兵以攻葉赫。禽那林孛羅。數年[blot]乃釋之。自是葉赫哈達皆臣服于明。然其勢亦始不振矣。初。明東苦建州。西苦蒙古之侵擾。頗賴衛葉赫哈達以捍邊。故于明也。二部俱係藩衛。責之甚至。稱哈達為南關。葉

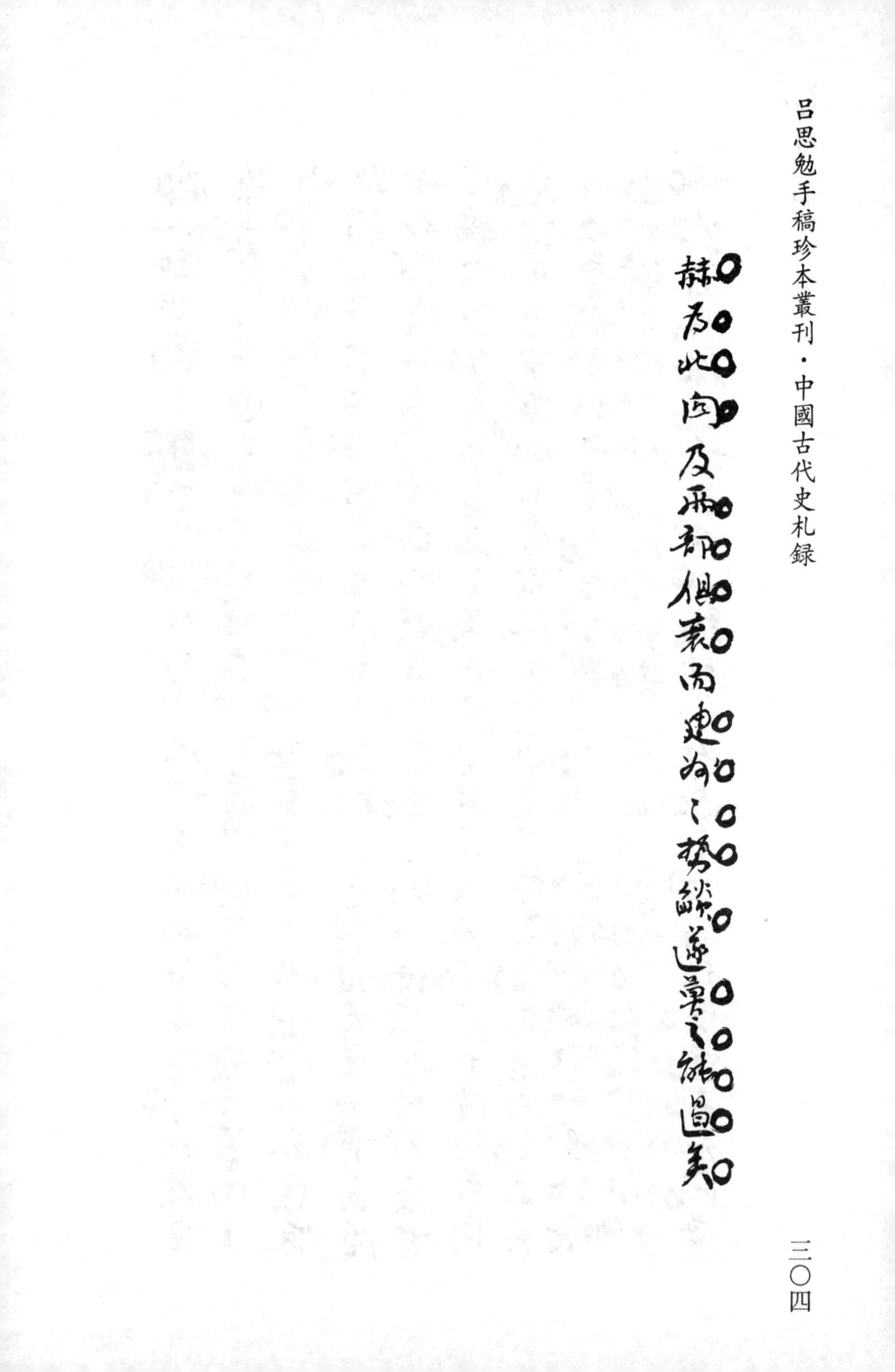

赫為此國及兩部俱衰而建為之勢燄遂莫之能遏矣

第七節　建州左衛之興盛及其徙之南下

當革山既强。及兒哈赤未起之時。建州左衛中衰。而海西繼起。則如前述。雖是時建州左衛雖衰。而左衛之中。尚有一名[redacted]酋崛起。外所謂王杲是也。王杲知據明人紀綱。為建州左衛都指揮使。據稻葉氏書。別。當。升。凡。蒙。之。險。建州左衛既衰。王杲入居其根據地。嘉靖三十六年。始以扼邊關。于時[redacted]杲據建州。戶口增殖。兵力加悍。既據十餘口在附近寬甸。向為出入之路。又占寬甸子。為射獵之區。明兵不出邊。斥候亦不出哨。[redacted]杲既肆掠于北。而居婆豬江流域之王兀堂及別部阿任古猾略。亦肆掠于東。[redacted][illegible]堡附近。年復寇竊於市。撫順開市。長官先坐撫夷所。酋長以次進于堂上。貢土產。長官乃驗馬女真人貢馬。多素羸弱。恒給善價。以示羈縻。杲尤傲慢。至撫華所。執奪語飾之辭。笑語諠譁。無敢[redacted]聽者。有新長吏抑彼若下陵。又驗其之肥壯。杲鞭之。引去。旋[redacted]辭歸闕。撫朝廷為之罷免長吏。杲益驕驁。隆慶、年秋。杲以素降人不得。入撫撫順。守將賈汝翼請責之。杲益憾。約諸部為盜。副總兵趙完責汝翼啟釁。時張學顏以右僉都御史巡撫遼東。奏言汝翼卻杲饋遺。變共遠撫。實伸國威。當緣此罷斥。去進退兵將。皆敵主之知。臣詞宜諭王杲。送還俘掠。否則謀兵勦殺。無事姑息以蓄禍。趙完懼。饋金貂。學顏發之。詔逮完。而宣諭王杲如學顏策。諸部聞大兵且出。悉竄匿山谷。杲懼。十二月約海西王台送俘獲就款。學顏因而撫之。萬歷元年。撫順游擊裴承祖。

易起杲塞，術明。此人被紿見執，杲遂殺承祖，割其腹，并擒殺承祖從者。先是，遼陽鎮東二百餘里，舊有孤山堡，巡按御史張鐸增置險山、五堡，然與遼鎮聲援不接，都御史王之誥奏設險山參將，轄六堡、一十二城，分守靉陽。又以其地不毛，欲置寬甸，以時絀，不果。其歲，李成梁議移孤山堡于張其哈佃，移險山、五堡于寬甸、長甸、雙墩、長嶺、散等，皆據膏腴，扼要害，而邊人苦遠徙，生怨言。工甫吳。杲殺裴承祖，犯邊，巡按御史晅詐羅復學顏不至，因以其財系預也。即自巡塞上，撫賞王兀堂諸部，聽於所在貿易，卒撫寬甸所地二百餘里。于是撫順以北，清河以南，皆遵約束。明年十月，杲復大舉入。成梁檄副將楊騰、游擊王惟屏分屯要害，而令參將曹簠挑戰。諸軍四面鼓譟。敵大奔。乃緊杲寨。寨地高。深溝壁壘以自固。成梁用火器破戰柵。矢石雨下。把總于志文秦得倚先登。諸將繼之。杲走高台。射殺志文。會大風起。縱火焚之。先後斬賊千一百餘級。毀其營壘而還。學顏為追奔至紅力寨。杲大創。不能軍。走匿阿哈納寨。書篁勒精騎往。杲居誅。杲走南關。都督王台執以獻。斬之。是役也。王台以縛杲功。加授龍虎將軍。二子皆進都督僉事。威聲大加。而愚闇之如此。又為李成梁所陷。建州益衰弱矣。以上據清朝全史及明史李成梁傳學顏傳。王兀堂亦建州支部。居婆豬江流域。王杲死後。勢頗盛。撫順清河邊外。誘女真寇邊。假居為。萬曆七年。以邊吏停柳市行。入寇。李成梁擊破之。又嘗追之。至今佟家江支流大小雅兒河流域。兀堂由是不振。事見稻葉氏所著清朝全史及滿洲歷史地理。尚亦根據明實錄也。

王杲既诛。其子阿台。衔父怨。仍与明许。又称。佛。怨于哈达。于是建。
州。右。卫。以。达。而左。卫。与。卯。之。世。仇。亦因。之。而。起。案清实录。记兴祖
六子。长德世库。次刘阐。次索长阿。次觉昌安。次包朗阿。次宝
实。景祖王子。长礼敦。次额尔衮。次界堪。次显祖塔克世。次塔察篇
古。显祖之子。是为太祖努尔哈赤。而明人所著筹辽硕画。记努尔
哈赤为叫场之孙。他失之子。建夷考亦谓奴酋父名他失。又称葉
氏。引明纪录嘉靖之十八年。辽东巡按徐汝谅东夷悔过入贡
疏。有建州贼首草场叫场努。遣其部落中王树子木麻子等四名
刊阁云云。则觉昌安。明人译音作叫场。塔克世。明人作他失。如草场
叫素昌之对音。内清实录叙述兴祖死后六子分居之情形。曰德世库居

覺爾察地。劉闡居阿哈河洛地。索長阿居河洛噶善地。包朗阿居尼麻喇地。寶實居章甲地。於景祖居赫圖阿喇。為先世累傳之故城。餘五子各就所居地築五城。距赫圖阿喇城。近者約五里。遠者約二十里。稱為寧古塔貝勒。寧古。譯言六。塔言個。六城之築。其地皆小。不、知、當、時、建、州、左、衛、之、式、微。又據廣汝該疏。則景祖每過入貢之日。正王杲肆行侵掠之時。其、必、嘗、為、之、從、屬、助、其、入、寇、可、知、矣。職是故。而建州左右二衞間。遂生婚姻之關係。而累致二祖之死。而。名。釁。戰。之。事。以。起。

清實錄

癸未明神宗萬歷十一年春二月。先是蘇克蘇滸河部圖倫城。有尼堪外蘭知。陰構明寧遠伯李成梁。引兵攻古勒哷一作城主阿太章京。

約九千字

及河滄城主阿亥章京○成梁授尼堪外蘭[redacted]兵符○[redacted]率遼陽廣寧二
路兵進○成梁圍阿太章京城○遼陽副將圍阿亥章京城○之中兒
兵到○逃去半○被圍在內○遼陽副將克河滄城○殺阿亥章京○復与
成梁合兵攻古勒城○阿太章京妻乃禮敦女○景祖聞警○恐女孫
被隔○偕顯祖往救○城中人殺阿太章京以降○成梁誘城內人出○
然據明史李成梁傳則云
[redacted]
[illegible]屬之○尼堪外蘭復搆明兵○並害景祖顯祖○[redacted]
初王杲死其子阿台○走依王台○長子虎兒罕○以王杲獻
其父○常欲報之○王台死○虎兒罕勢衰○阿台遂掠北關○合攻虎兒
罕○又數犯孤山汎河○成梁出塞○遇于曹子谷○斬首一千有奇○奪
馬五百○阿台復糾阿海連兵入○抵瀋陽城南渾河○大掠而去○成

梁從探哨出塞百餘里，大攻古勒寨，射死阿台，連破阿海寨，擊殺之。黨大臧，斬千二百，杲部遂滅。

又稱葉氏。清朝全史云

[redacted]

據明人記録，言二祖導李成梁攻古勒城。又一說。言叫場欲説阿台歸順，親入古勒城，阿台不從，並拘留之。大兵圍城急，他失因父在城內，思往救護，軍中誤殺之。叫場亦於城內被燒死。

小則●清人記阿太章京者，即王杲之子阿台也。其阿海則稱葉氏●據明人記録，實爲毛憐衛酋長。●清朝全史又云[redacted]

●清記録不詳太祖母系。實録但舉顯祖之大福晉，爲喜塔喇氏，乃阿古都督女。阿古都督爲何等人，又不明言。今所敍言阿古都，即王杲之

特音。不明言知。偉之也。葉赫酋長那林孛羅之言。不曰太祖為
王杲之裔乎。今按那林孛羅。清實錄作納林布祿。即孝慈高皇
后之兄。太祖之妻舅。其言自可信。又錢謙益岳武穆遺像記。惜
忠武。王。僇力中夏。翼滅完虜。後復以王杲餘孽。冒出源之附齊
疆犯順。忠武看見。共能貴。諸又南渡旌氏史累。武向逆書致
罪之由。余不知大細。但向之前人。曰。如書所云王某初。增即
清之德祖。所云建州都督。即清之太祖也。而直書所云。云以此
為孽逆。嫉罪狀之一。初清太祖如為王杲所出。如清之際。固其。
知之。此清可建州。右衛之。之國閉知之。真相也。

## 第八節　清太祖之興

太祖初年大勢極弱。清實録記其事曰：明當景祖顯祖之同死，太祖往詰明邊吏曰：我祖父何故被殺？汝等乃我不共戴天之仇也，何遣使謝？曰：非有意也，誤耳。乃歸之祖喪，與敕三十道，馬三十匹，封龍虎將軍，復給都督敕書。上謂使臣曰：害我祖父者，尼堪外蘭所構也，必執以與我乃已。明使臣曰：前因誤殺，故與敕書馬匹，又與都督敕書，事已畢，今復過求，我當助尼堪外蘭築城于甲版（一作嘉班），令為爾滿洲國主。國人信之，皆歸尼堪外蘭。上同族寧古塔諸祖子孫亦欲害上。以歸尼堪外蘭，尼堪外蘭又迫上往附。上曰：爾吾父部下人也。

攄明兵害我祖父憾不能手刃汝也豈反從汝偷生人能自戕不
死乎身是城為深
據此則太祖初年勢力甚不敵尼堪外蘭依明修善為援罷
圖不慮建州遠孽之崛起也乃明人于東北陲更撫綏之因循遺誤
李成梁號稱名將著歷中葉以後亦暮氣已深卒使女真詬
部次第為建州所敗併而坐大之勢成矣
當時女真形勢據清實錄所記為大別凡四曰滿洲部共分部五
曰蘇克蘇滸河曰渾河曰完顏部曰棟鄂部曰哲陳曰長白山部共分
部三曰訥殷曰珠舍里曰鴨綠江曰東海部共分部凡三曰瓦爾
喀曰庫爾喀曰扈倫共分部凡四曰葉赫曰

哈達。曰輝發。曰烏拉。葉赫、及長白山。鴨綠、建州衛地。東海為明野人衛地。扈倫四部，則海西衛地也。

明萬曆十一年。太祖年二十五。以遺甲十三副起兵，攻尼堪外蘭。尼堪外蘭奔鄂勒琿（在渾江西南）。築城居之。自是三年。太祖盡力于征討當附諸部族。至十四年七月。復舉兵攻鄂勒琿城。尼堪外蘭奔明。明人不能保護。反執之。以付太祖。並允歲輸銀八百兩。蟒段十五疋。開撫順、清河、寬甸、靉陽四關通互市。自是建州威勢漸振。萬曆十六年。當附環境五部皆附。二十一年九月。扈倫四部及長白山之訥殷、珠舍里二部、蒙古、科爾沁、錫伯、卦勒察九國之師，凡三萬。來伐。戰于古埒山，大敗之。遂滅珠舍里及訥殷二部。（鴨綠江先已收服）

于是建州衛衛都族差弟于太祖年。然是時哈那藉以撑边地為哈達及葉赫葉赫哈達不動其勢猶未遽以也也而葉赫哈達二部因附近外患之不迫其勢率以不支先是葉赫酋那林孛羅被禽後卜寨繼爲酋長以女許哈達酋歹商二族頗有構和之意及歹商往就婚中途復為葉赫人所射殺酬端復起哈達酋猛骨孛羅勢孤弱不支萬曆二十七年九月葉赫酋那林孛羅大舉攻哈達哈達質子乞援于太祖已復與葉赫合謀將執殺太祖援將太祖遂與葉赫合兵滅之之二十五年滅輝發四十五年滅烏拉于是扈倫四部除葉赫外三部皆亡其所不危矣

建州攻云萬曆二十七年今建州攻克哈赤殺猛骨孛羅

共赫姓悍擾而之罪去與那林孛羅俱係西部落與攻酋二

家俱封■居收畜。猛最忠順。虜或入犯。輒預報。得爲備。諸部皆心
畏之。奴酋尤甚。會猛酋與那酋相鬭殺。猛力不支。請于边吏。求救。
不許。頗得乘降援边圍。不許。遂求援奴酋。奴酋悉起兵。以援爲名。
佯以計誘殺之。边吏因循。不與較。奴酋自是乃輕中國心。可見生
殺開亦之重
方太祖之侵略諸部族。而加于共向。又不一國地之事例。
萬曆三十六年。六堡之退從是也。先是六堡之移建。拓地凡二百
餘里。漢人之移居寬甸等野地。歲亦增益。至萬曆三十年前後。至
在六萬餘口。大半爲先是靉陽廢土之民軍。而由山東越海而來
其亦野。及是年。巡撫趙楫上言。寬甸地孤懸難守。又與奴定哈赤
城寨遠處。恐居民易與相狎。朝廷遂定令撤還六堡民。懷土不肯
徙。則以兵迫脅之。死者狼籍。而李成梁等反以招復逃人功增秩
受賞云。據稱葉氏書及明史李成梁傳。自是。寬甸沃土。盡爲女真射獵之區。明之

邊牆仍復成化之舊，無出以建州衛國之一原因也。然太祖因鄉導屬而外東以當其衝。據稽業武功記得清實錄所載，似當二祖死後即授太祖以都督敕書，不及讀據明實錄。太祖之任都督僉事，實在萬曆十七年，亦據薊遼督撫張國彦、顧養謙、徐元芳之議。其議中有云：因其恐存百窩，乃出大兵撲勦，亟用誘備送與百窩和，如兔哈赤亦畏威，今北關而與南關通姻。如又謂建州奴酋聲勢最盛，能制東夷，其在建州則今之王台也。既送還被擄漢人，且及擒高，又斬犯順夷克五十而獻其級，因蒙朝廷名器，日益加切。又據稽業武功叙述，謂太祖自嫌其祖父曾在逆黨王杲部下，且與[illegible]姻戚，故上表自稱佟姓，蓋王杲籍右衛。

佟則左衛之通譯也云。則其材略之蓄積。可以想見。萬曆十八年。四月。貢京師。並謝授都督之恩。明年。以其有管束女真人之功。敘龍虎將軍。至萬曆三十七年。以後朝貢乃絕。然四十三年明責太祖退出兩原邊牧哈達地。太祖仍奉命。撤還來亦以入七大恨中者。其後終出兵攻明。實在萬曆四十四年。即清天命之年。其事實出於明人之不意也。

四弟

漢用兵外國之極矣

伐大宛，發屬國六千騎及郡國惡少年數萬人以往，此至郁成，士至者不過數千。西至敦煌者不過什一二。

再伐，益發惡少年及邊騎，歲餘而出敦煌者六萬人，負私從者不在焉，牛十萬，馬三萬餘，驢橐它以萬數。至宛城，漢兵到者三萬人。入玉門者萬餘人，軍馬千餘匹。

而發甲卒十八萬酒泉、張掖北，置居延、休屠以衛酒泉而書。天下七科適及載糒給貳師，轉車人徒相連屬。此等亦必有損失，但此未書耳。

貳師深以軍旅之食猶不給而歸矣，今之多不啻士卒僅半

之所以均協辭

古文化傳播路綫

大宛列傳自大宛以西至安息……其地皆無絲漆不知鑄錢器及漢使亡卒降教鑄作他兵器得漢黃白金輒以為器不用為幣

又貳師傳宛王城中無井皆汲城外流水於是乃遣水工徙其城下水空以空其城決其水原移之則宛固已憂困宛請降貳師與趙始成李哆等計聞宛城中新得秦人知穿井

婼羌山有鐵自作兵

自且末以往皆種五穀土地草木畜產作兵略與漢同

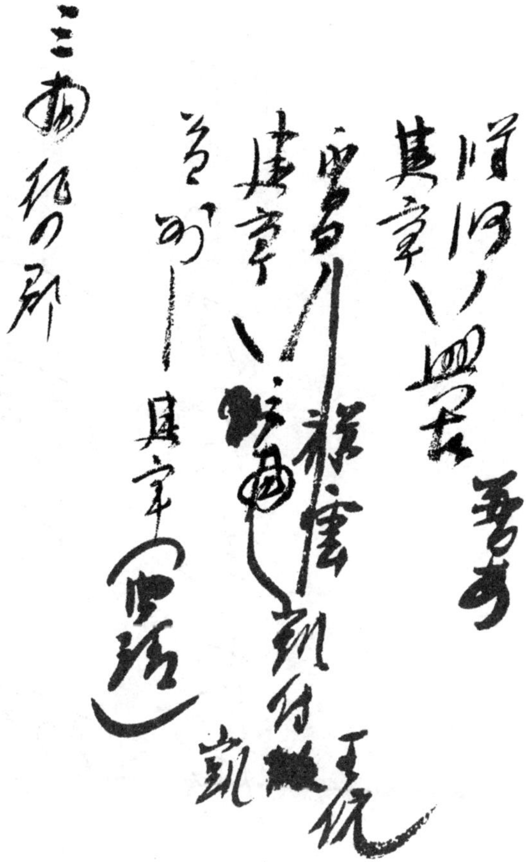

自撰稿改

儒求百友志長沙校附

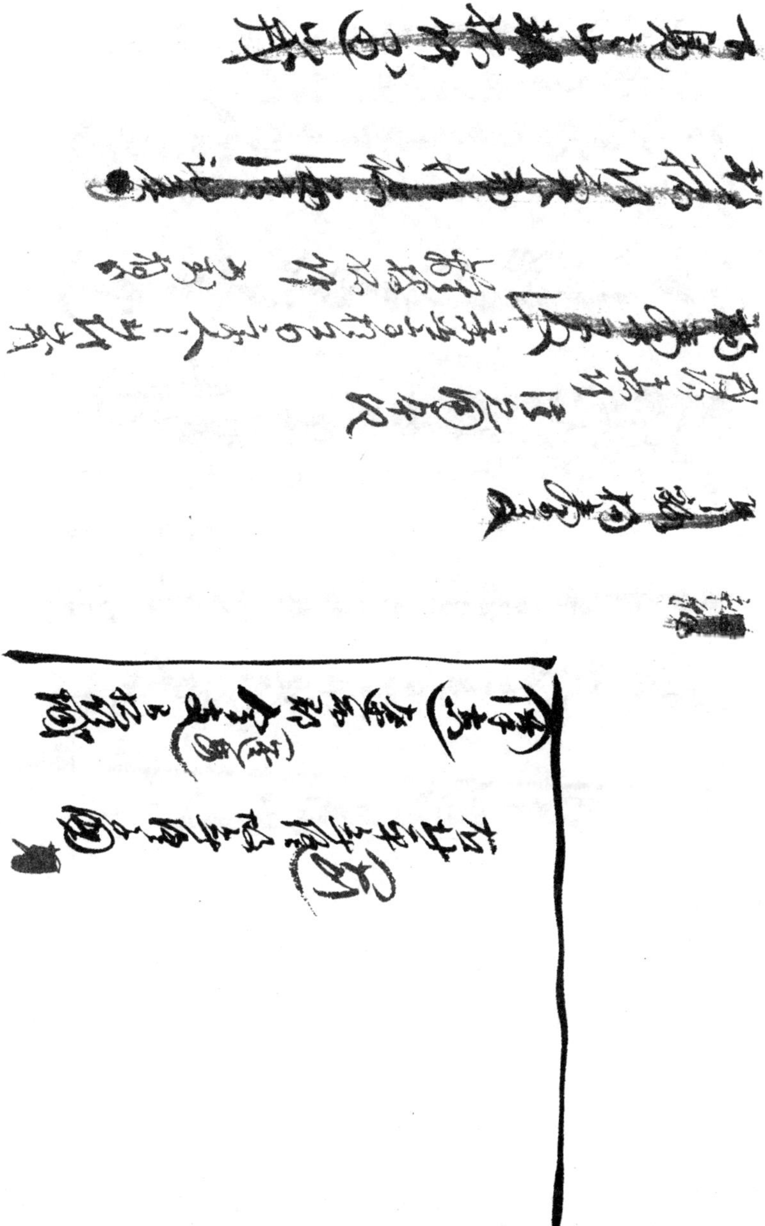

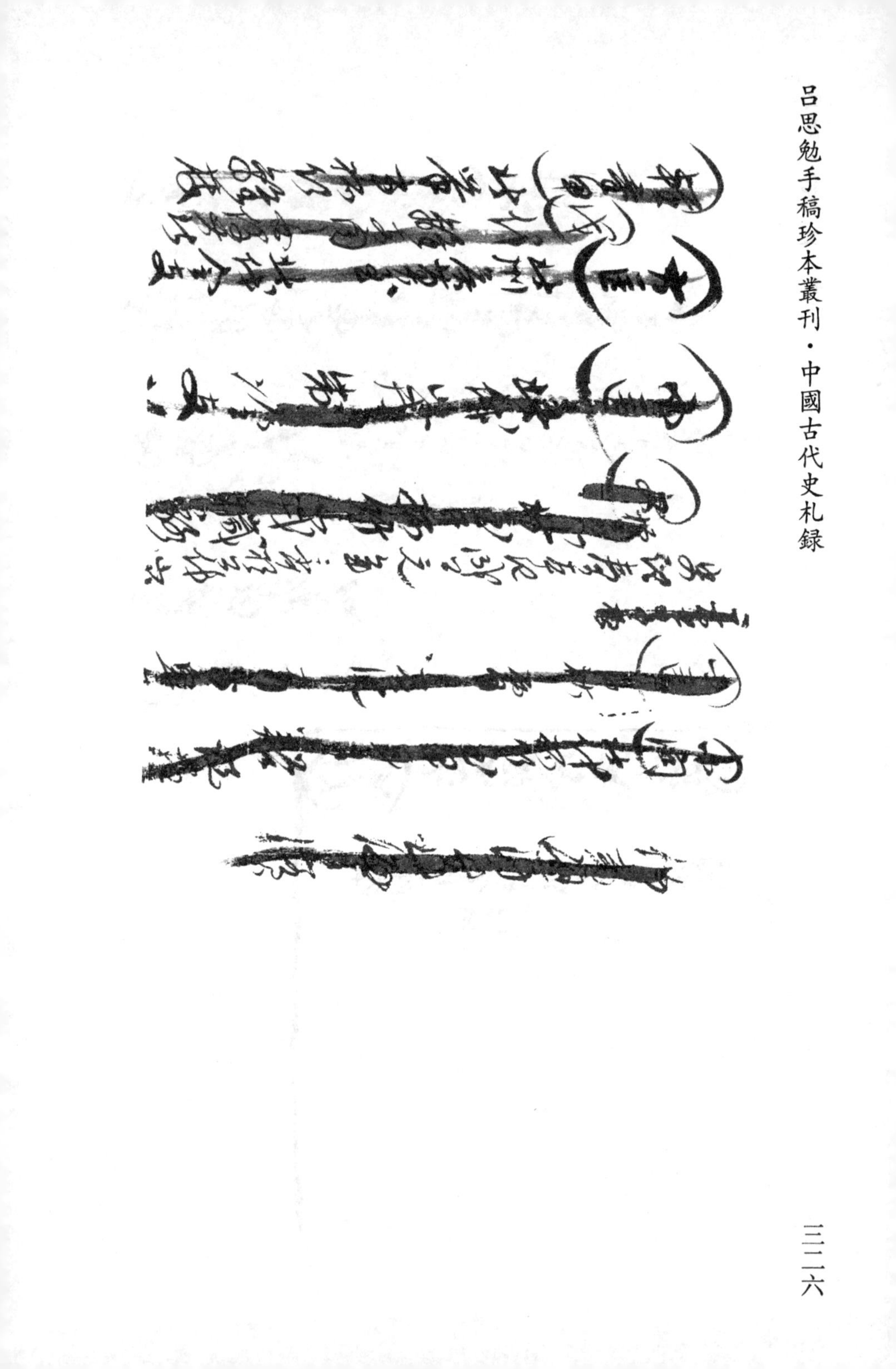

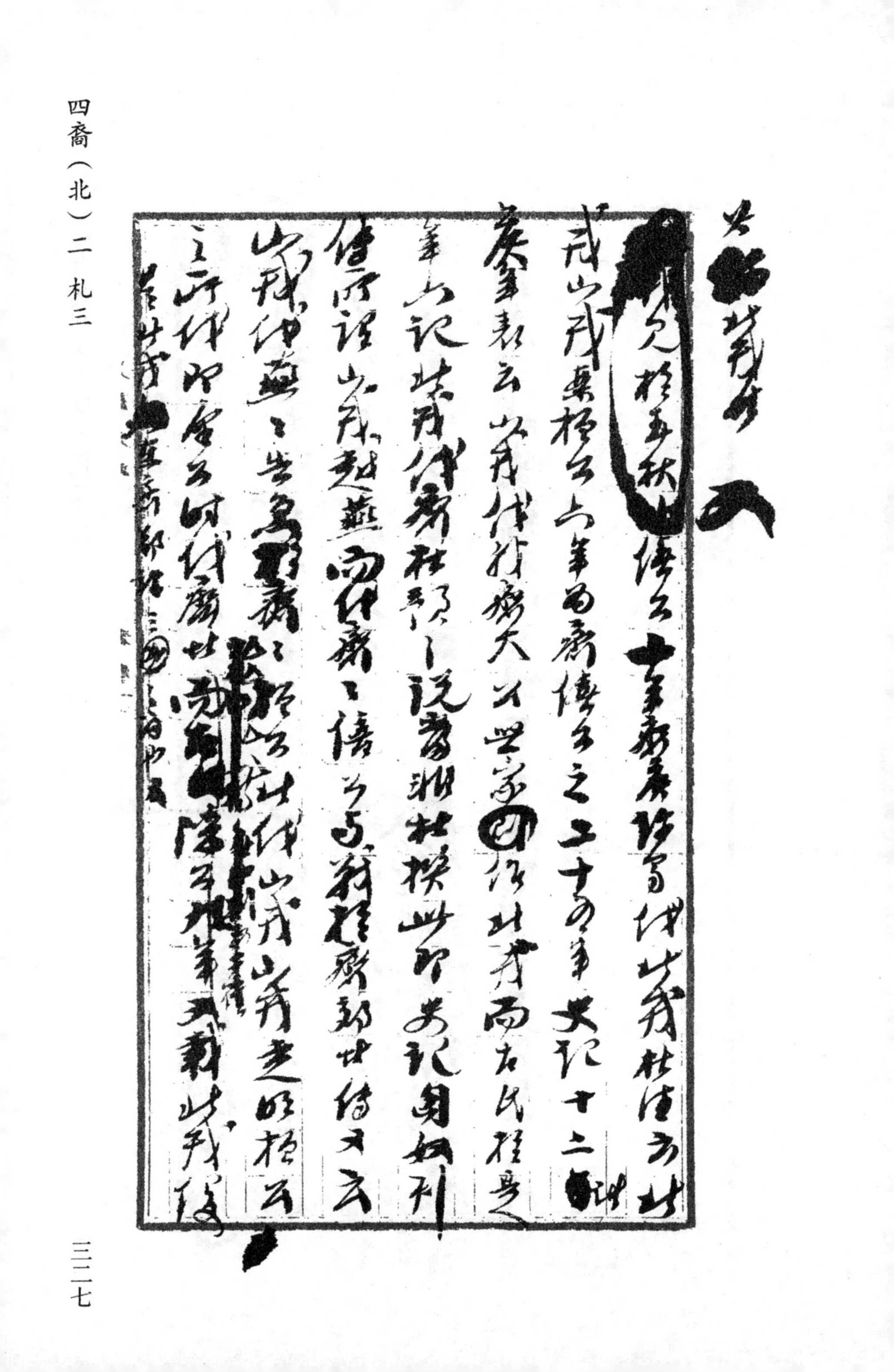

[illegible]

郭嵩燾云：四年經子嘉父使焉，書在魯也，殆莊子時亦爲郭，

故以諸和戎杜注云，經書山戎，則名皆以之華言節

其勞年經在月狄伐晉，凡夏津云年經山戎，則謂狄之地

故以北戎山戎年經云[illegible]北戎一，蓋傳以北戎山戎並爲

燕之年傳云山戎北戎

其稱以北戎則山戎年經北戎，廿五年後者，蓋其狄以諸

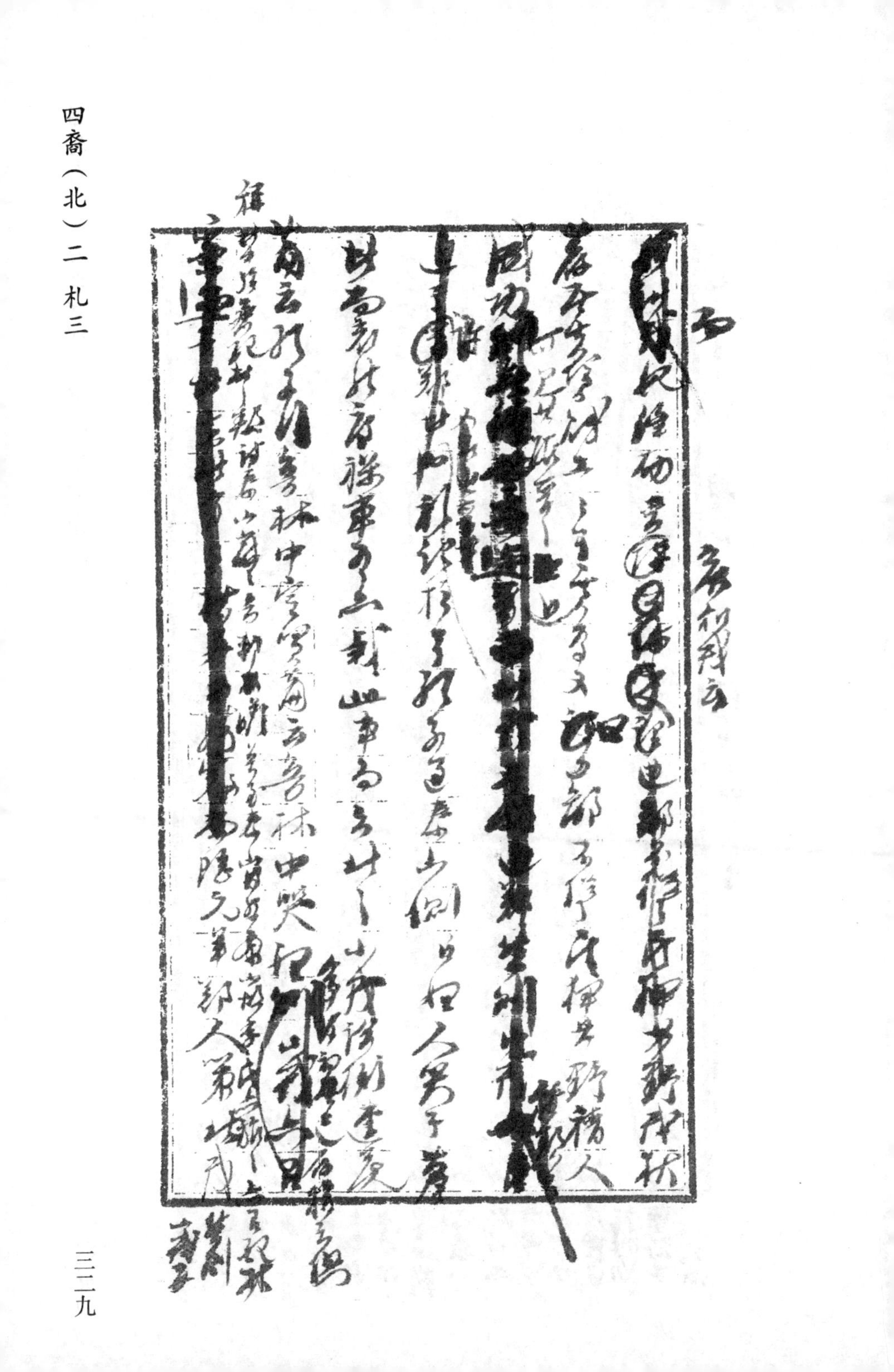

[illegible]

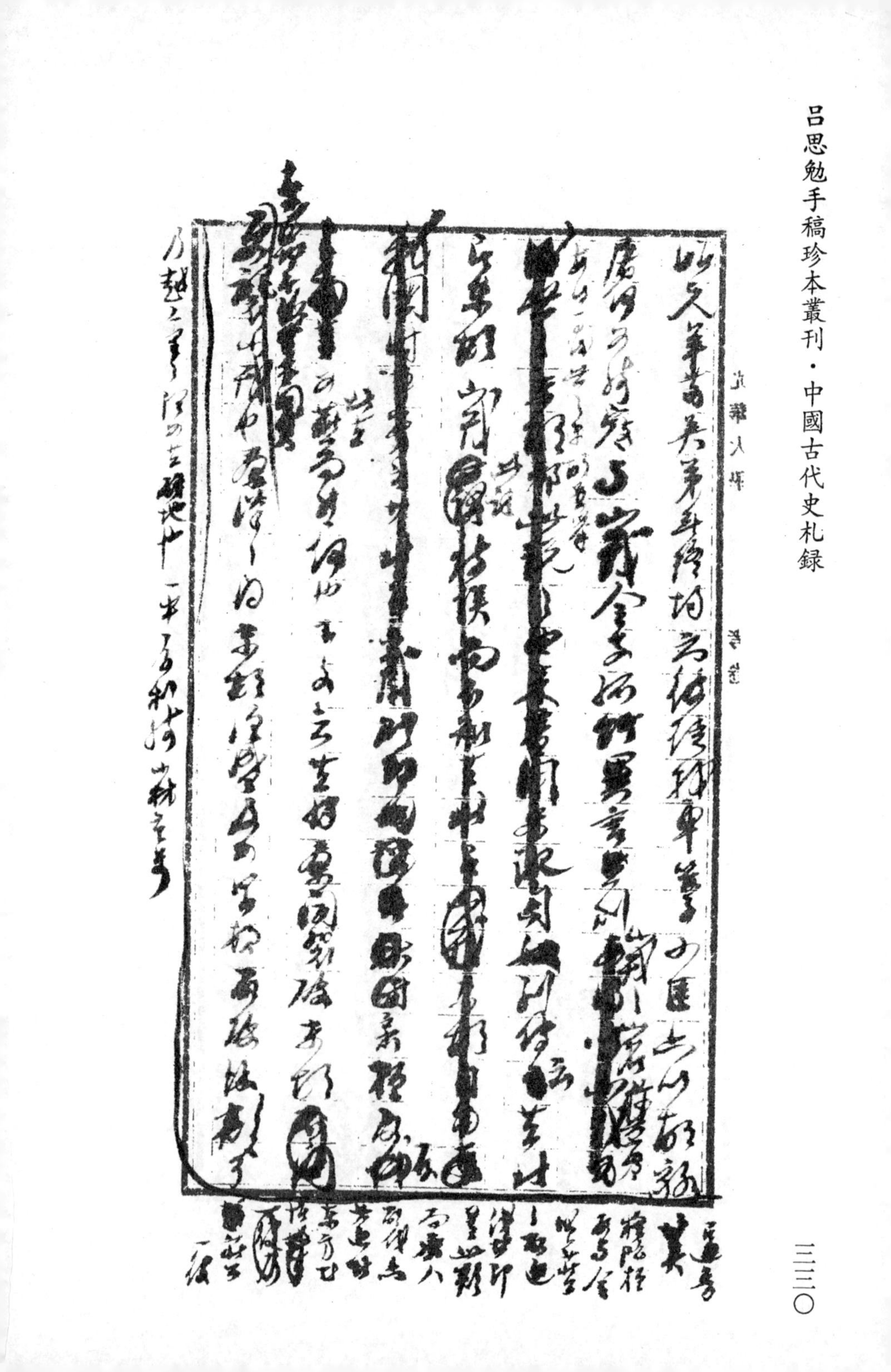

[illegible]

乙丑錄卯

縣之山高昌國當種錄卯六百回更在所行六歲對也

城即佛村國附一並出高戎其昌後附

高昌其里工業蒞去十六年為宗擁其伐國重五工

嵩須言東其萬郡多國至集韻引謹國日據其於伯蓋

與子麴遜國主至焉耆乃西燕據惟也豪家以為址其先之

李賢金城榆中人麴嘉據行檢石行莊十九年衛仰

其伯雅國二十年嘉伐山戎伐文楓蒜仲文三十年弟代[illegible]

山戎傳曰：謀山戎，以其病燕故也。據傳，[illegible]此說是非

燕亦稱北燕，要說周仲以是為燕所分，封周故且燕衛伐

是時種種北伐，因納王子頹，燕之[illegible]，燕與衛伐周，鄭以

[illegible]

[redacted]傳考隋引靺鞨在高麗之先渤海之緣
韋其間如女真即古靺鞨渤海國不漢肅慎至後為勿吉靺鞨之北
季構待之其常在西小海隋渤海而經之靺鞨在渤海東
徐為門以為也
北渠方方至靺鞨可至為靺鞨至為門此為門國山為古
其間且國為鄉此為鄉在時●此地靺鞨可以契丹時
在靺鞨之一方傳越世宗重至二十六年所靺鞨歐代
地所得之一靺鞨部傳為靺鞨之地可謂靺鞨乃蒙

蓋劉書都之城山戎也據其國之地於郡以稱為山

戎之地閼與衛相近而韓非[illegible]之所去而後國

也

[illegible]

說詳以事[illegible]戎益主此益之此益[illegible]以事[illegible]即戎也史記

書稱之隱商及史記（世家集解）[illegible]列傳云山戎[illegible]是也

此說[illegible]從先矣其等如別

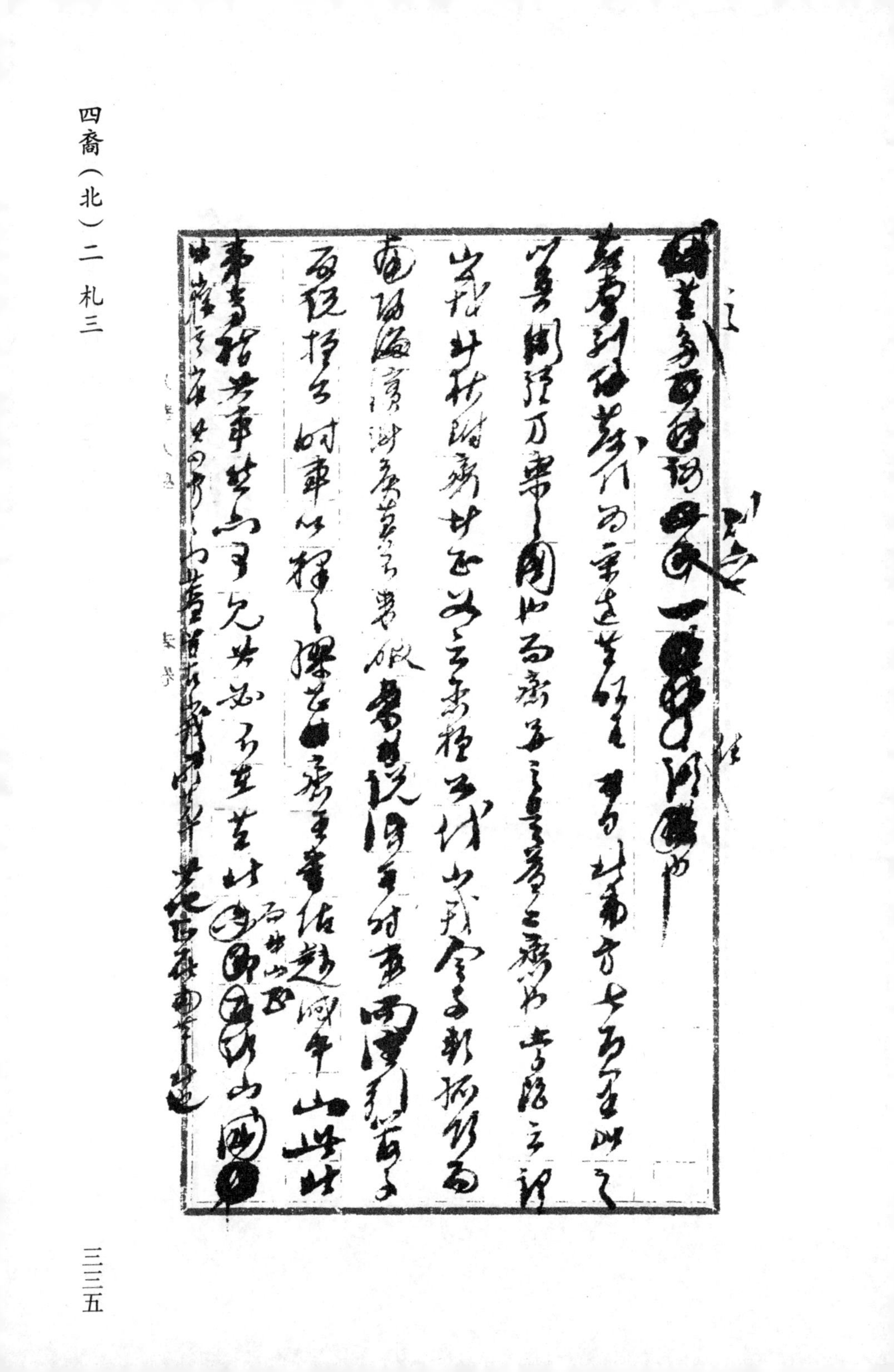

[illegible]

播遷西東廿邦

二十二年亦以攻戰雖北者且不一著何道藏本如此畢本作中山諸國云四字舊作且一不著何五字一本如此史記趙世家云惠文王三年滅中山遷其王于膚施表作四年元和郡縣志云定州戰國時爲中山國中山之地方五百里城中有山故曰中山今直隸定州是蘇云中山之亡當魏文侯世墨子與子夏子門人同時此事猶當及見之畢引史記趙惠文王三年滅中山非是詒讓按中山初滅于魏後滅于趙詳所染篇然此中山諸國四字乃後人肊改寔當作且不著何四字舊本作且一道藏本作且不一並衍一字且疑祖之借字國語晉語獻公田見翟祖之氛韋注云翟祖國名是也不著何亦北胡國周書王會篇云不屠何青熊孔晁注云不屠何亦東北夷也管子小匡篇敗胡貉破屠何尹注云屠何東胡之先也劉恕通鑑外紀周惠王三十三年齊桓公救燕破屠何屠著聲類同不著何即不屠何也又王會伊尹獻令正北有且略豹胡且略即此且及左傳翟相豹胡亦即不屠何豹不胡何並一聲之轉不屠何漢爲徒河縣屬遼西郡故城在今奉天錦州府錦縣西北相據國語爲晉獻公所滅所在無考其所以亡於燕代胡貊之間者貊貉之俗詳兼愛中篇亦以攻戰也是故子墨子言曰古者王公大人情欲得而惡失古者亦當從王校作今者說見前情與誠通詳非攻下篇欲安而惡危畢云欲舊作故以意改故當攻戰而不可

墨子閒詁　卷五　三　埽葉山房石印

墨子　非攻中

# 第四

補作

史記秦本紀國公之年……高祖以代歲說

手補作

諸侯多沈亂不服於天子於是乎桓公東救徐州分吳半分吳半之地存魯蔡陵蔡陵地名割越地南據宋鄭既割越地又據宋鄭之國以為親援也征伐楚濟汝水伐楚時渡汝水踰方地謂方城之地望文山楚山也使貢絲於周室使貢楚絲即所謂糜絲者也堪為琴瑟絃成周反胙於隆嶽周室有事歸胙於齊齊太嶽之後故言隆嶽荊州諸侯莫不來服中救晉公禽狄王敗胡貉破屠河屠何東胡之先也而騎寇始服北狄以騎為寇北伐山戎制冷支斬孤竹而九夷始聽海濱諸侯莫不來服西征攘白狄之地遂至於西河謂龍門之西河方舟投

西虞　齊語厲作庶　西虞

柎乘桴濟河至於石沈石沈地名縣車束馬踰大行與卑耳之貉與卑耳之貉共拘秦夏之拘秦夏
者不服西服流沙西虞西虞國名而秦戎始從故兵一出而大功十二自救徐州已下有十二也故東
夷西戎南蠻北狄中諸侯國莫不賓服與諸侯飾牲為載書書謂要盟之詞載之於策以誓要
於上下薦神謂以上下之神祇為盟誓又以其牲薦之於神然後率天下定周室大朝諸侯於陽穀故兵
車之會六乘車之會三九合諸侯一匡天下甲不解壘兵不解翳翳所以蔽兵謂翳盾之屬不解
甲於壘不解兵於翳言不用也弢無弓服無矢弢弓衣也無弓無矢亦言不用也寢武事行文道以朝天子葵丘
之會天子使大夫宰孔致胙於桓公曰余一人之命有事於文武有祭事於文王武王之廟也
使宰孔致胙且有後命曰以爾自卑勞以爾自卑而勞弊實謂爾伯舅毋下拜桓公召管
仲而謀管仲對曰為君不君君命臣無下拜是不君也為臣不臣臣承命而不讓是不臣也亂之本也桓公
曰余乘車之會三兵車之會六九合諸侯一匡天下北至於孤竹山戎穢貉拘秦
夏西至流沙西虞南至吳越巴牂牁䑾不庾雕題黑齒皆南夷之國號也荊夷之國莫違

桓公北伐孤竹，未至卑耳之谿十里，闟然止，瞠然視（闟，住立貌。瞠，驚視貌），援弓將射，引而未敢發也。謂左右曰：「見是前人乎？」左右對曰：「不見也。」公曰：「事其不濟乎？寡人大惑。今者寡人見人長尺而人物具焉，冠，右祛衣，走馬前疾，事其不濟乎？寡人大惑，豈有人若此者乎？」管仲對曰：「臣聞登山之神有俞兒者，長尺而人物具焉，霸王之君興而登山神見，且走馬前，疾道也。祛衣，示前有水也。右祛衣，示從右方涉也。」至卑耳之谿，有贊水者（謂贊引渡水者），曰：「從左方涉，其深及冠；從右方涉，其深至膝。若右涉，其大濟。」桓公立拜管仲於馬前曰：「仲父之聖至若此，寡人之抵罪也久矣。」（抵，當也。不知仲父之聖，是寡人當有罪久矣）管仲對曰：「夷吾聞之，聖人先知無形。今已有形而後知之，臣非聖也，善承教也。」（善承古人之法）

管子小問

初公登城以望見戎州（戎州戎邑）問之以告公曰我姬姓也何戎之有焉（言姬姓國何故有戎邑）翦之（翦壞其邑聚）公使匠久（久不休息）公欲逐石圃（石圃衛卿石惡從子○從才用反）未及而難作辛已石圃因匠氏攻公公闔門而請弗許踰于北方而隊折股（隊直類反折之設反股音古終如卜言乃自後踰。隊）戎州人攻之大子疾公子青踰從公（青疾公弟）戎州人殺之公入于戎州己氏（己氏戎人姓。己音紀又音祀）初公自城上見己氏之妻髮美使髡之以爲呂姜髢（呂姜莊公夫人髢髲也。髡苦存反髢大計反又庭計反髲皮義反）既入焉而示之璧曰活我吾與女璧己氏曰殺女璧其焉往遂殺之而取其璧衛人復公孫般師而立之十二月齊人伐衛衛人請平立公子起（起靈公子。女音汝下同其焉於虔反）執般師以歸舍諸潞（潞齊邑。潞音路）

南の

日成出之年三三發楹程氏歲次于孤竹也

出設書存之 然書注釋孤竹之地詳之因存

紀

齊的

常之祖也二十三年山戎伐燕【集解】服虔曰山戎北狄蓋今鮮卑也何休曰山戎者戎中之別名也燕告急於齊齊桓公救燕遂伐山戎至于孤竹而還燕莊公遂送桓公入齊境桓公曰非天子諸侯相送不出境吾不可以無禮於燕於是分溝割燕君所至與燕命燕君復修召公之政納貢于周如成康之時諸侯聞之皆從齊二十七年魯湣公母曰哀姜桓公女弟也哀姜淫於魯公子慶父慶

夷吾為晉君桓公於是討晉亂至高梁【集解】服虔曰晉地也杜預曰在平陽縣西南使隰朋立晉君還是時周室微唯齊楚秦晉為彊晉初與會【正義】與音預下同獻公死國內亂秦穆公辟遠不與中國會盟楚成王初收荊蠻有之夷狄自置唯獨齊為中國會盟而桓公能宣其德故諸侯賓會於是桓公稱曰寡人南伐至召陵望熊山北伐山戎離枝孤竹【集解】駰案地理志云令支縣有孤竹城疑離枝即令支也令離聲相近應劭曰令音鈴鈴離聲亦相近管子亦作離字【索隱】離枝音零支又音令祇又如字離枝孤竹皆古國名秦以離支為縣故地理志云遼西令支縣有孤竹城爾雅曰孤竹北戶西王母日下謂之四荒也西伐大夏涉流沙【正義】大夏并州晉陽是也束馬懸車登太行至卑耳山【正義】卑音壁劉伯莊及韋昭並如字而還諸侯莫違寡人寡人兵車之會三【正義】左傳云魯莊十三年會北杏以平宋亂僖四年侵蔡遂伐楚六年伐鄭圍新城也乘車之會六【正義】左傳云魯莊十四年會于鄄十五年又會鄄十六年同盟于幽僖五年會首止八年盟于洮九年會葵丘是也九合諸侯一匡天下【正義】匡正也一匡天下謂定襄王為太子之位昔三代受命有何以異於此乎吾欲封泰山禪梁父管仲固諫不聽乃說桓公以遠方珍怪物至乃得封桓公乃止三十八年周襄王弟帶與戎翟合謀伐周齊使管仲平戎於周周欲以上卿禮管仲管仲頓首曰臣陪臣安

北山戎

「北山戎為燕國患」

史記匈奴傳　孔子北之山戎

新序雜事也　齊桓公伐山戎是也

説苑尊賢桓公北伐山戎來

「桓公曰……寡人北伐孤竹，剗令支而反……」

説苑二十卷（已作山戎爲影務無子盡九权祿　指正）

又齊將……

四齊〇

川使水復東流而楚不敢塞也遂南伐及踰方城濟於汝水望汶山（汶音岷岷山江水所從出）南致楚越之君而西伐秦北伐狄東存晉公於南（自伐秦而遂存晉於晉之南故曰東存）北伐孤竹還存燕公兵車之會六乘車之會三九合諸侯反位已霸修鍾磬而復樂管子曰此臣之所謂樂也

以管子霸形

○裔の

禮檀弓云孔子過泰山側有婦人哭于墓者而哀詩

序云孔子如知之山哉有婦人哭于路其哭甚哀

山路甚僻泰山之今泰山西桃峪上際有老虎

窩極虎爾云是當日遺跡與瑜衛遺虎窩

云小如作窩林中之長窩云窩林中笑婦

俱稱林中之殘齋配林之勢詩泰山嵌之

魯邦所瞻魯云泰山所祭泰山於季氏亦旅之亦有配林林漢書志引盧植禮器齊配林注云小山林林麓配泰山見公羊成十七年何休注作非林癸巳存稿二

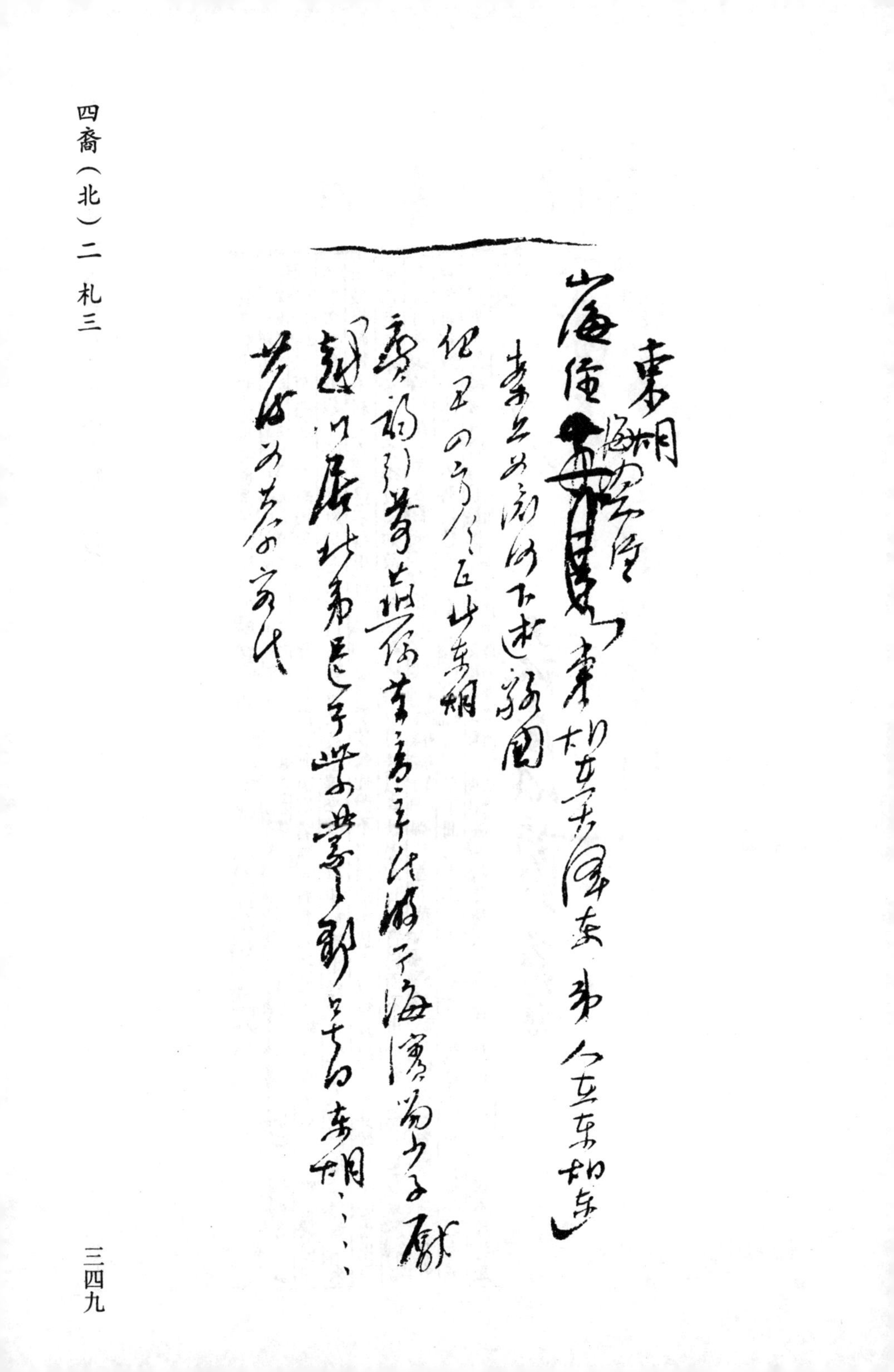

東翔

海[illegible] [illegible] 東翔大兄大人座[illegible] 弟[illegible]東翔[illegible]

[illegible]下述[illegible]

[illegible]東翔

[illegible]篇[illegible]于海[illegible]

[illegible]以居北有[illegible]東翔、、、

[illegible]

胡虏　事　の

田畜　邊兵

李牧

史記廉頗藺相如列傳

李牧者趙之北邊良將也常居代鴈門備匈奴【正義】今鴈門縣在代州故云代鴈門也以便宜置吏市租皆輸入[illegible]故言莫府莫大也【索隱】如淳解莫為大非也崔浩云古者出征為將帥軍還則罷理無常處以幕帟為府署故曰幕府則莫當作幕字之誤也為士卒費日擊數牛饗士習射騎謹烽火多閒諜【索隱】上紀兒反下音牒厚遇戰士為約曰匈奴即入盜急入收保有敢捕虜者斬匈奴每入烽火謹輒入收保不敢戰如是數歲亦不亡失然匈奴以李牧為怯雖趙邊兵亦以為吾將怯趙王讓李牧李牧如故趙王怒召之使他人代將歲餘匈奴每來出戰出戰數不利失亡多邊不得田畜【正義】許六反復請李牧牧杜門不出固稱疾趙王乃復彊起使將兵牧曰王必用臣臣如前乃敢奉令王許之李牧至如故約匈奴數歲無所得終以為怯邊士日得賞賜而不用皆願一戰於是乃具選車得千三百乘選騎得萬三千匹百金之士五萬人【集解】騶案管子曰能破敵擒將者賞百金彀者十萬人【索隱】彀音古候反謂能射也悉勒習戰大縱畜牧人民滿野匈奴小入佯北不勝以數千人委之【索隱】委謂弃之恐其殺略也單于聞之大率衆來入李牧多為奇陳張左右翼擊之大破殺匈奴十餘萬騎滅襜襤【集解】騶案襜都甘反襤路談反徐廣曰一作臨騶又案如淳曰胡名也在代地破東胡降林胡單于奔走其後十餘歲匈奴不敢近趙邊城

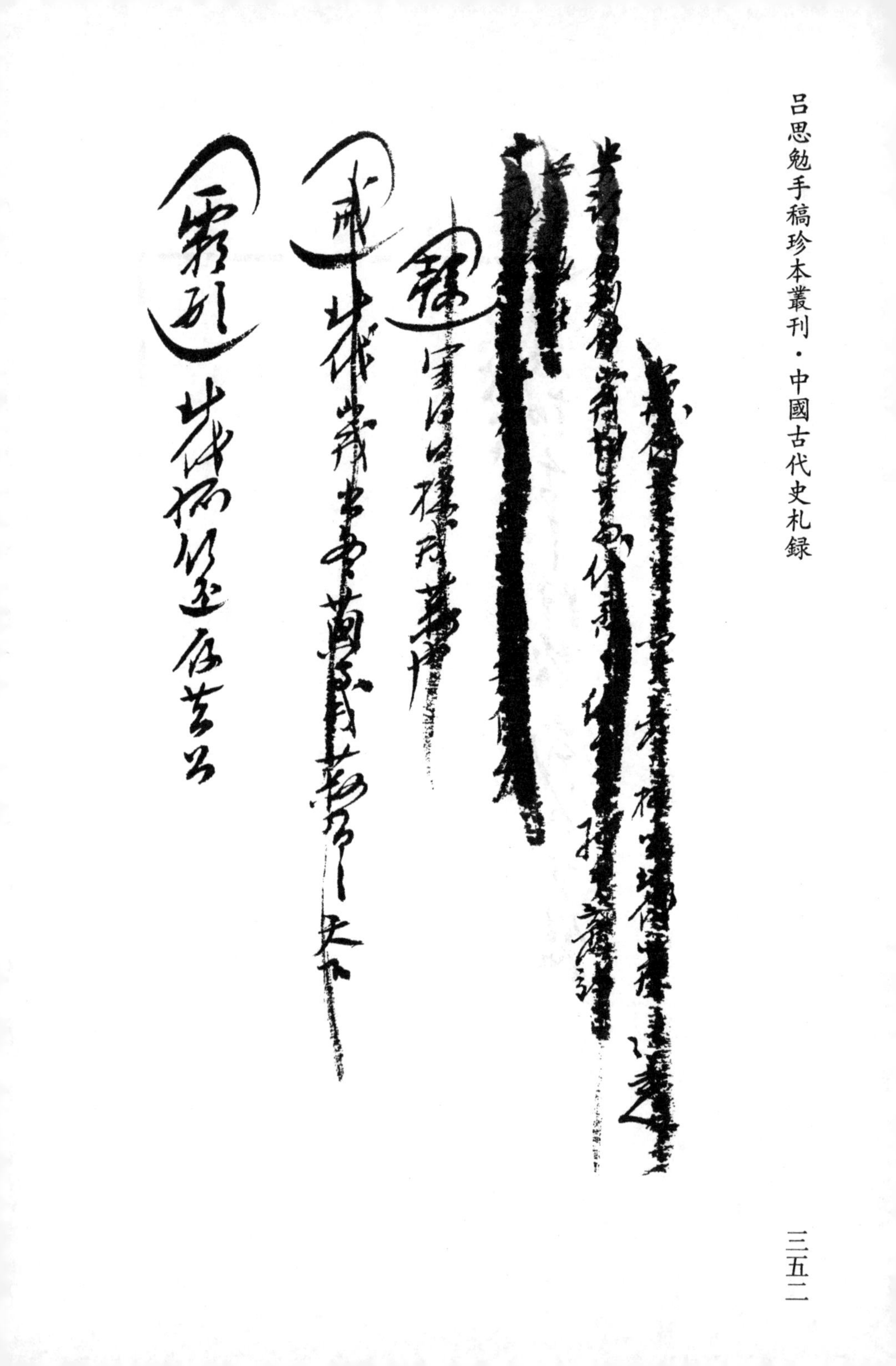

[illegible]

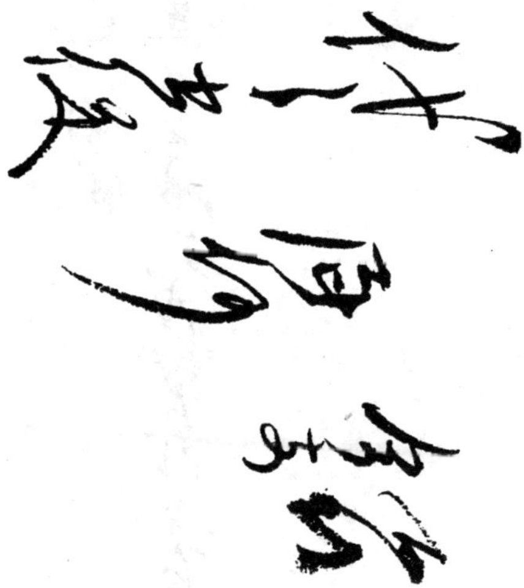

我家先世首子、周[illegible]

(史記衛世家(莊公)三年王立地入我家自[illegible][illegible]日[illegible][illegible]我家[illegible]之 十日

六十七

讀史者大都據國語之事，認為春秋時之山戎，此誤也

讀史者素認為古之山戎即為齊人之舊說，殊謬

也。查春秋莊公三十年，冬，公及齊侯遇于魯濟。齊人伐

山戎。三十一年，六月，齊侯來獻戎捷。魯僖之會

穀皆不為齊燕閔，而別曰深戎也。以為前[illegible]

者也。齊人不敢出齊侯，獻戎捷。公羊曰：威我。威戎

也。旗獲而過我也。穀梁曰：軍得曰捷，戎菽也。東說

范甯注：齊桓外無諸侯之助，使人謂之於魯。

越千里之險，為諸侯四師行數十里入山戎之地界

友矣。於是魯語助之爲之辭也，代義於傷爲形務

出於魯。管仲之可。謂一侯。未親。今又代表爲最還

諸侯鄰。之國不親。邦霸王之業。君之一所爲義之實

當地。中國之所難也。不可以不逢周公之所制。植公

乃今出義之實。於是周公之所以制。我出代魯菅

下令。丁男出數。至人皆于此。於子也。聖人特稱

爲務。於是以往。以之價也。列國代義之制。儒學

與魯諸也。爲出於我擬。儒家諸侯自來。左氏與

其觀之言。諒不虛矣。然設此時以英易俄。英。夫此

藏在廓之北。而實在廓之南。其與英相接。（以其所據之地言而）西與印接者

遂會耶。此理之不可通者也。

以英易俄。此英者。據于哲孟雄。實不據于哲孟雄也。哲

孟雄。英國之屬邦也。貢賦不至。然英之俄矣。且視廓

而為此。然俄伐英。先與廓爾人相接以取英。遂伐

然爾偏相如西還。令英民後但其所之經備貢

于國以成廓之功。英兵之其家亦回。然英事後伐之廓檔

其救英遂此俄。然而罷。使英與其貢夫和。以成國時

皆以燕為北燕。然管子戒篇曰：北伐山戎，出冬葱與
戎菽，布之天下。則所爲殺梁，所附殺梁説出之
於燕無疑。故穆傳記左右采獲，取直言所聞以説也。觀
史記燕世家，[illegible]燕為北燕，[illegible]
西陲初定，[illegible]説，為殺梁之[illegible]
紀周[illegible]説也。
管子小匡篇曰[illegible]
上小匡篇曰[illegible]
[illegible]

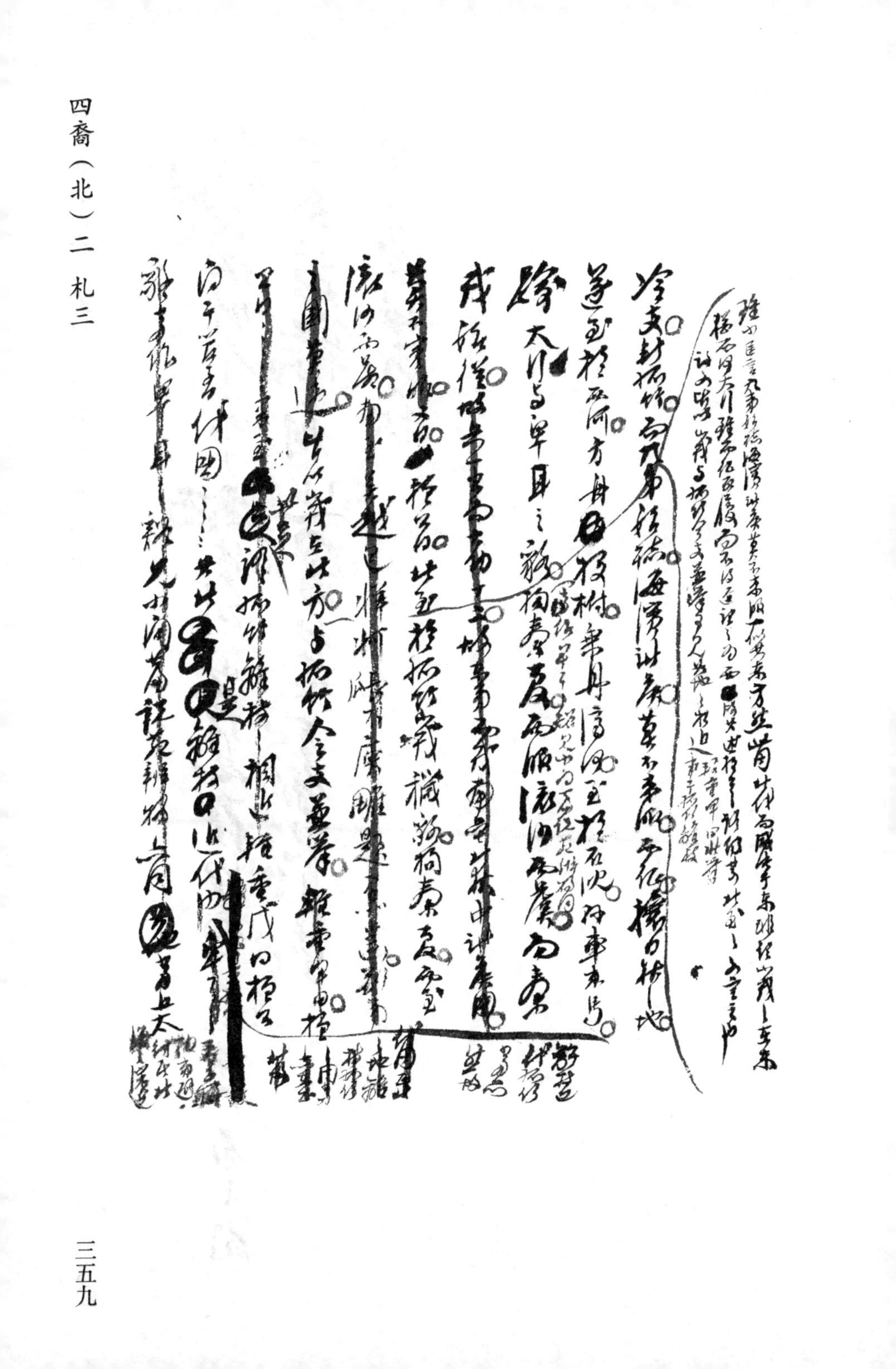

[illegible]

作時也故於今文之燕齊然則山戎應在日南北山陸之間

與南燕實相近也蓋北燕

今予試出兵秋

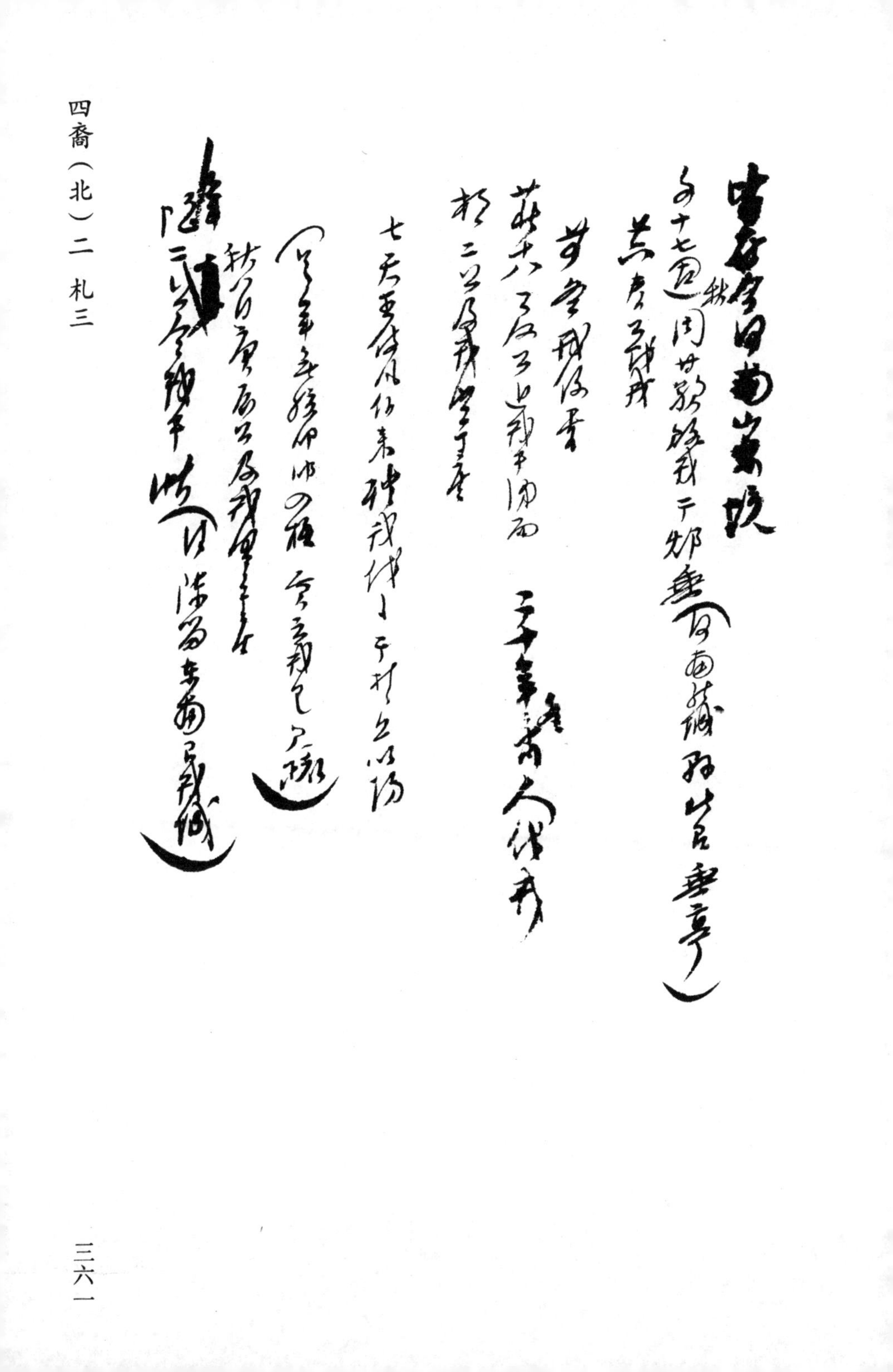

[illegible]